【新装・増補改訂版】

ジャズる縄文人

金子 好伸

MPミヤオビパブリッシング

本書を旧知、現代ジャズ学研究所時代の同志 山田士朗氏に贈る

装画：金子 大輔

はじめに

私と縄文の最初の出会いは四十年以上前にさかのぼる。図書館で手にした、一冊の岡本太郎の著書である。氏は、一九五一年十一月、東京国立博物館で階下の薄暗い倉庫のガラスケースに釘付けになった。無造作に置かれた「縄文土器」を初めて目にした衝撃がつづられている。「超自然的で呪術的、空間的で激しい緊張感」。パリ留学時代、世界の民族コレクションでも「縄文」を知ることがなかった。その時代、日本の考古学界は土器の編年や型式記録に終始していた。

ＥＸＰＯ'70日本万国博《太陽の塔》は「縄文土偶」をモチーフにしていたことは今日では驚くにあたらないが、当時は度肝を抜かれた。

そんな同時代共通の感性をもっていたのが、『らくがき行動学』(産報出版)の著者で私の師でもある、気鋭イラストレーター、故・河原淳である。氏の画風はまさに「ハート土偶」、「みみずく土偶」や「踊る土偶」に通低する。

私の直線的縄文との交わりは、何気なく覗いた東京都埋蔵文化財センターでの「縄文展」

だった。そこで知った「縄文土器づくり講座」に後日初参加。最終日は隣接「縄文の村」での「野焼き」。大量の受講生の土器が炎と一体化し燃え盛り、面相が紅蓮に火花を弾く。周囲は熱風と歓声に包まれた。

まさに「縄文は爆発だ!!」(岡本太郎)

「野焼き体験」の衝撃は脳髄に突き刺さり、感動をもう一度と各地の講座に積極的に参加していった。

しかし、完成した各地講座での焼き上がった縄文土器に不満は燻った。土器面が滑らか過ぎる。何かが違う!?

そんな折、南武線「矢向駅」(横浜市鶴見区)近くに縄文天然温泉があることを知り、出向いた。ロビーには岡本太郎作のオブジェ「縄文人」が鎮座し、男・女の浴室に分かれる突きあたりに縄文土器(中期)が安置されていた。露天風呂は縄文の雑木林をイメージされた佇まいで、琥珀色の湯、香ばしい香り、滑らかな泉質に、これが「縄文」か! と五感に通電した。私はかつて経験したことのない感動に、通い詰めで入湯した。縄文時代、海だったこの地域の海藻や貝化石が長い年月に熟成され、発酵された泉質と知る。私は湯あたりしたのか? 啓示に似たものに突き動かされた。各地講座での焼き上がり土器の燻りが解決するような気持ちの高まりに、地元での「縄文土器講座」発足の準備に取りかかった。

後日知り得たことは、各地の「縄文土器講座」の粘土は機械錬りしていたことと、受講生対策として、破裂防止にテラコッタ（焼き粘土）を配合している講座も多くみられた。

地元の粘土を使い、手づくりの粘土づくりから始めたい。地元の間伐材を使った野焼き「地産地消」こそ、環境とともに生きた縄文人のエネルギーが再誕する。

各地の縄文復元施設探訪では教養は深められても、「身土不二」は実感できない。その土地の風土に則した縄文集住がある。

参加者が、郷土の縄文人ＤＮＡを覚醒してこそ、技術を越えた真の縄文土器づくりができる。私は地元での講座を開催し、燻りから解き放たれた。手づくりの貫頭衣姿の手に、本物の土器を体感したのだ。

以下の論考は、地元で開催した、縄文ワークショップの毎回のテーマに沿い、テキストとしてまとめたものである。

もとより、私は市井の一縄文学啓蒙家であり、市民活動家にすぎない。

しかし、考古学、人類学のみでは「縄文学」をひもとくことはできない。

我が国の縄文宣揚者は、周知のごとく、岡本太郎（画家・故人）、宗左近（詩人・故人）、梅原猛（哲学者・故人）の三氏であり、感性と悟性、直感力の秀でた先達によるものだ。

縄文学は専門家の占有物ではない。

各地域に根ざした、市民の市民による、手づくりの「縄文学」発信を期待する。

増補・改訂版に際して

友より三十～四十年振りに便りが来た。現代ジャズ学研究所時代の同志、山田士朗氏からだ。拙者の縄文文化啓蒙活動をネットのＳＮＳで知ったという。その上で、私の今日の活動にブレがないという趣旨だった。氏によれば、私は知り合った頃から、アブストラクトの井戸を掘れと常々口にしていたという。氏は、私に、まさにＤＩＧ・ＤＵＧ（掘る、掘った）が一貫していると生き方だという。私は考古学徒ではない。三十年ほど前から、物づくりの趣味の延長で博物館開催の縄文土器づくりに参加していた程度である。十年ほど前、自宅近隣に開設された「縄文天然温泉」の琥珀色の泉質、熟成された香り、円やかな肌触りに魅了され、日参した。露天風呂はオーナーのコンセプトで、まさに岩場から湧出している温泉に縄文人が抱かれている雰囲気を醸し出している。五感を刺激され、浴槽で縄文時代にタイムスリップした。温泉も地の底から湧いてくる、掘り続けなければ源泉には当たらない。縄文土器も大地を掘り起こさなければ出土しない。山田氏の言葉に、あらためて再認識させられた。今、活動していることもジャズ学の延長なのだと。ジャズ＝ヒップスター＝縄文人に帰結した。私の処女作『インディオの縄文人』（小社刊）は「ジャズ」を冠することで『ジャズる縄文人』として完結した。私の学校は新宿、ジャズ喫茶「ＤＩＧ」だった。入居ビルの老朽化とバブル期の煽りで廃業。姉妹店、ジャズバー新宿「ＤＵＧ」は営業中である。

「弥生式？」縄文土器づくりの会体験記

横浜市北部、丘陵地域の一角、都筑区に、横浜市歴史博物館があり、隣接地帯は広大な敷地の大塚・歳勝土遺跡公園がある。

特筆すべき点は、点在している遺構や墓溝跡地を観覧向けに取り囲まず、盛り土をし、リアルに再現していることで、足を踏み入れられる自由度の高い敷地になっている。大塚・歳勝土遺跡公園は、縄文時代後期と弥生時代の跡地を同時に見られる珍しい公園である。

また、その一角には弥生竪穴住居が何棟も復元されていて、周囲には、縄文時代は皆無だった環壕（お堀）が再現され、それは私有財産を外敵から守るためのものであるといわれている。

縄文時代を追及する私たちにも、その差異を目前で確認することができ、必見と思われる。

館の周辺地域、都筑区は、旧緑区の名称のごとく、過疎の集落であった。三十五年ほど前、都市開発の掘削がきっかけで、「三の丸遺跡」が発見され、一九八二年に至る三次発掘まで、七五〇〇〇平方メートルの台地を、延べ一〇〇〇日を費やし調査が行われた。縄文時代の三〇〇棟を越す竪穴住居や土器などが発見され、かつ、石器時代～弥生時代までの遺構や遺物も発見された。遺跡は特に、南関東最大級の縄文中期・後期の「ムラ」としても著名でもある。中でも、多くの中期、加曾利式や勝坂式土器が大量に掘り出され、その原体を、先に紹介した横浜市歴史博物館で鑑賞することができる。

当博物館の開館に合わせるように、「縄文土器づくり講座」が開催された。

当時を知る人の話によると、館の学芸員より、講座での土器づくりの醍醐味を更に、考古学の見地から、作業を深められたらと、受講修了生の有志による「横浜縄文土器づくりの会」を発案され、今日まで続けられてきた。

しかし、当時の学芸員の考えでは、多くの市民に開かれたという目的から、一年程度でメンバーを入れ替える考えだったようであるが、受講生の数の割には思惑通り「会」への参加者は集まらず、縄文的、集合離散的会は果たせなかった。

私が「会」に参加したのは、博物館主催の講座を終了してからのことである。

その時の新規参入者は四人程度で、受講生の一割程度であった。

それもそのはず、受講終了時に積極的に「入会」の働きかけをしなかったのだから。工房の作業空間やら、公園の野焼きスペースなど、館側からの人数制限も一因というも、会員が固定してしまったことが市民に開かれなくなってしまった原因に思えた。短い参加期間で感じたことは、館の学芸員と会員間の相克である。

先般の野焼きでも、最終講評で、学芸員から呈された苦評の一つが、個人的趣味で、燻して、黒く焼き上げた者もいて、考古学的に違和感があるとの指摘であった。更に、形成段階で気が付いたことは、「講座」の時に磨きに用いたハマグリなどの貝類や石などを使う人は皆無で、「陶芸」の備品まで使っている人がいることであった。

それらの一因は「会」の新陳代謝がないことで、二極化にあるのだと思う。一般会員たちは「趣味の会」だからと、学芸員の目をかすめ、陶芸感覚で土器づくりをしている者もいる。

先般、勉強会と銘打ち、(財) 横浜ふるさと歴史財団・埋蔵文化財センター調査員の山田光洋さんが迎えられた。

テーマは、考古学としての縄文土器づくりであった。勝手気ままにつくる土器は「陶芸」で、美術のジャンルに入ると。「縄文土器づくり」は社会科であり、私たちは後者を

焼成された手づくりの土器（勝坂式土器）、著者製作

目的としていると発言された。

　司会者（会側）が山田先生と何回も紹介される中、山田さんは「先生」はやめて下さいと、縄文時代には先生も生徒もありませんと言わんばかりに再三訴えていたのが印象的であった。

　平成十八年には先述の横浜市歴史博物館からの要請で「横浜縄文土器づくりの会」がなぜか大型弥生土器制作プロジェクトを結成した。半年以上にわたって巨大な弥生式土器づくりを行い、それを館に寄贈したのだ。

目次

目次

※本書は二〇一三年発行の『インディオの縄文人』小社刊を増補、改訂、改題したものです。

ジャズる縄文人

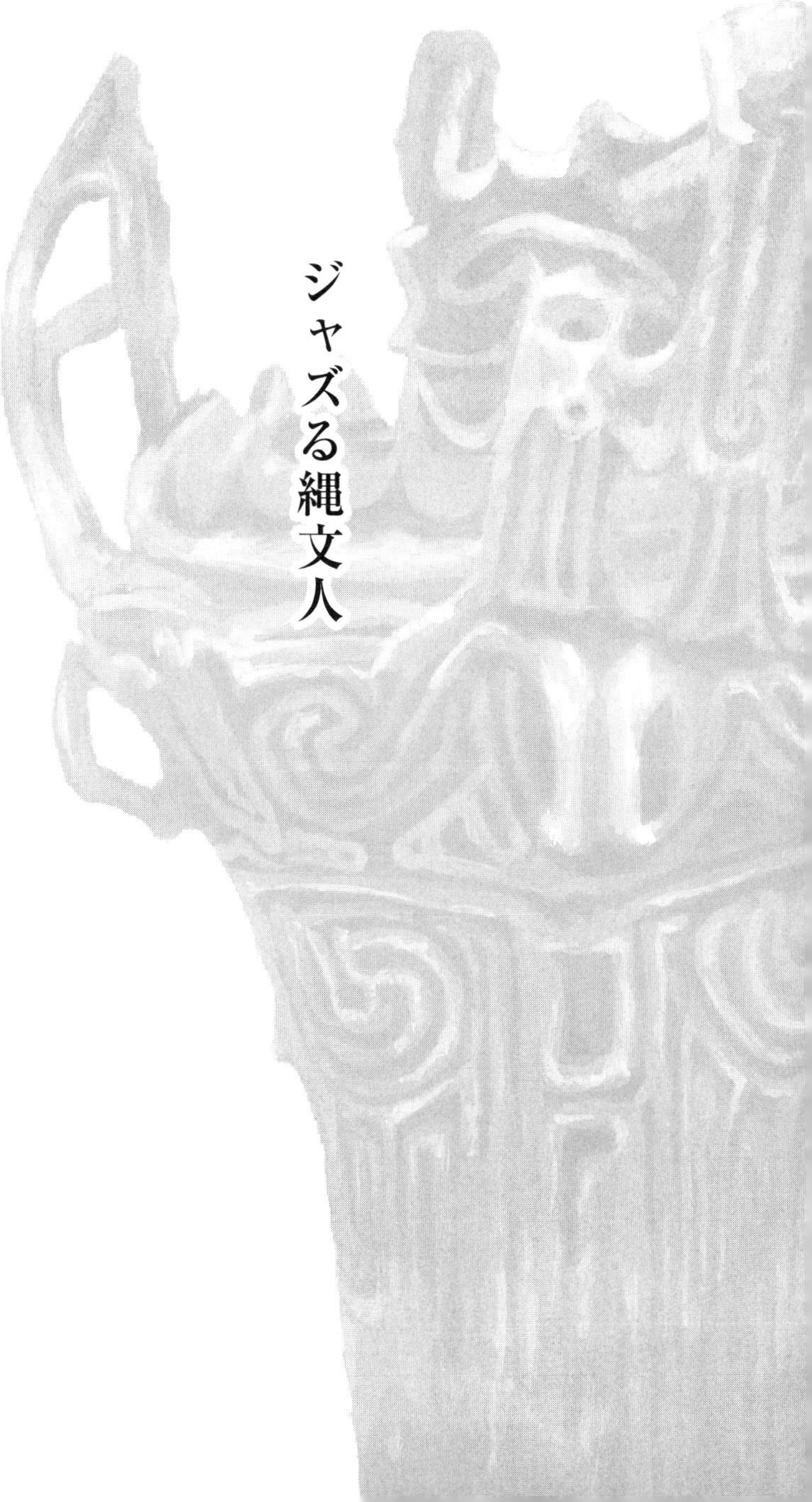

ジャズる縄文人、タモリは縄文人

ニーチェは『ツァラトゥストラはかく語りき』で「神は死んだ」と叫んだ。神の審判による善悪を否定し、個々人の「生の高揚」＝超人を提示。自らが自分の運命を創り出す意志を主張した。

仏教学者・玉城康四郎はマル経に囚われ終末の見えない学生運動の渦中、目的は民衆救済にあると、マルクス菩薩論を発表（東京大学教授一九七四年、比較思想学会大会）。さかのぼる一九七一年には平岡正明は『ジャズより他に神はなし』と自著に表題を付し、無血革命論を打ち立て、ジャズのエネルギーを革命への武器としてスイングをテーゼにした。

本項、ジャズる縄文人は、文字が表意されなかった縄文時代をリアルにひも解き、俯瞰する方途をジャズ鑑賞による感性・悟性の純化に求める。なぜ、ジャズにより可能なのか。ベクトルが同じ構造を縄文人は日常生活の中で実践してきたからだ。ピアノやウッドベースもサキソフォンもないのは当然の事。狩猟・採集・漁猟作業や、土器づくりなど日常作業そのものがジャズ演奏なのだ。

タモリは早稲田大学で「モダンジャズ研究会」に属するも演奏が下手でマネージャーに。話が面白いと司会を勧められる。一年の時、仲間との旅行に二年度の学費を使い果たし学籍抹消になる。「ジャズ研」は退学後も活動を続ける。社会人になっても仲間との交流が今日まで続いている。そんな一人、早稲田「ハイソサエティオーケストラ」で座長を務めたことのある一関市ジャズ喫茶「ベイシー」オーナー菅原昭二氏曰わく、タモリは楽器を持たないジャズマンと称する。タモリは番組でジャズっている。テーマ（モードとメロディ）を提示し、コード進行を無視。出演者相互のアクションにインスパイアされ、ひたすらグルーヴ＝スイングし続ける。タモリいわく、ジャズな生き方とは過去や未来に執着せず「今」を自由に生きること。今日が今日のためにあるこれがジャズの人。向上心＝邪心という。夢が達成される前の区間は意味を持たず、夢があるから絶望もある。悲劇的な生き方と言う（『タモリ学』戸部田誠（てれびのスキマ）／イースト・プレス）。

弥生人は、収穫高で悲喜こもごも。ジャズる縄文人。わかるかな。いいとも。

ステージは自然環境だ。トリオ（三人）やカルテット（四人）時にはマグロ漁などは多人数のビックバンド奏法になる。ジャズの活性化理論を述べる前に、喩えにあるように朱に交われば赤くなるごとく、まずは、ジャズとの「感応」を論じたい。ジャズの名盤には共時性が発顕する。時代を超えた普遍性があり、芸術の所以である。流行り廃りがないのである。常に、瞬間の判断を求められる縄文人の感性と悟性はジャズ演奏に通底する。クラッシック音楽も芸術性が高いが、教会音楽から誕生してきた聖なる音楽だ。ジャズは奴隷制度や公民権運動の渦中から生まれた。理不尽や不条理な劣悪な環境でも希望を紡いだ生き方から誕生した。縄文人も過酷な自然環境のなかで前人未踏の先人として、無から知恵を出し合い一万年を超える文化力を結実、発揮してきた。

一万数千年の時空を超え出現した遺構・遺物は、四大文明やヨーロッパなどの自然破壊の上に成り立った文明とは隔絶した自然調和の文化を築いた証だった。

ジャズは一九一七年からのレコードが残され、今日でも当時の演奏を享受できる。かつ、縄文文化は世界的に類を見ない芸術的にも文化的にも秀でたもので、一万数千年前〜三千年ほど前の「縄文土器」「土偶」は、一流の陶芸家も舌を巻く完成度であり、数多くの国宝や国定重要文化財に指定され、イギリス大英博物館の「縄文展」や「土偶展」は世界中の注目の的となった。感性と悟性に秀でた多くの一流画家や詩人、ジャズマンなどが、そのイマジネーションに言葉に尽くせない賞賛をおくる。

一日に三時間毎日ジャズと、能動的鑑賞という対話を勧めたい。一ヶ月後縄文関連の書物を読むと、縄文人のリアルな現場を時空を超えイマジネーションで確証できるだろう。その行為を繰り返すことで縄文魂の啓示を受ける。

作家・五木寛之はジャズピアニスト山下洋輔との対談でジャズの効用を語る。


ジャズを聴くというのはクラッシック音楽の場合は、何かうまいものを食べるみたいな、いわば快楽だけで聴くわけなんだけれど、ジャズっていうのは、聴くだけじゃなくて聴いたところから〝しこり〟みたいに何か、問題意識みたいなものが広がってくるわけですよ、それが感覚の領域にとどまっていれば、とても楽なんだけれども、最近ものをかんがえさせるというか、そういうところまでジャズっていう音楽は侵入してくる。

（『幻想への旅立ち』河出書房新社）


考古学専門家による遺構や遺物の型式から縄文時代にタイムスリップすることは、誤謬を生む可能性がある。ベクトルの方向が違うからだ。なぜなら研究者の判断は物証主義に収斂するからである。専門家こそまずは感性・悟性を磨くべきだ。心していただきたい。

例えば、「注口土器」を「急須」に形状が似ているからと、縄文人は薬草茶を飲んだなど、誤った情報を流す。そもそも茶の湯文化は、我が国では室町時代以降だ。

注口土器、その物の名称自体が安易すぎるのだ。

物証を判断する研究者の感覚が欠如しているといわざるを得ない。

荒吐神・アラハバキ

「急須」は注口内部に湯送りの窪みがある。かたや「注口土器」は、筒を小型土器に差し込んだ形状であり、水を入れた実証結果、傾けると、注ぎ口上部の水は土器の口縁から流れ落ちてしまう。また、内部の筒口以下の水は溜まったままである。

「注口土器」は、母胎と男根を象徴化した祭祀の呪術に用いられた「合一土器」である。私見であるが、目的は筒を咥え、気を送り込み妊娠や安産を祈った儀礼の道具だ。筒の磨耗痕からも判断できる。無論、男根単体の石棒も存在した。

「遮光器土偶」も同様だ。目を雪の反射光から守るゴーグルという解釈だ。青森県出土のものは納得できるも、遮光器土偶出土二号は九州だ。更に全国に散らばって存在する。神奈川県川崎市出土もあり、雪もめったに降らない地域だ。

考古学者の認識の甘さに閉口する。縄文晩期、寒冷期に入り、更に海岸線は遠退き、集住環境は劣悪を極めた。縄文人は北米から南下してきた先発のいる中南米に活路を見い出し、全国から伊豆の河津に集結した。まずは神津島を目指した。

丸木舟で大海原を踏破するのに、女性や子供、老人に病人は泣く泣くその場に残ってもらい、依代として「遮光器土偶」を住居に安直したものと考える。故に私見であるが、当土偶の名称は、半開きの眼差しから世音を悟り守護する「観音土偶」が相応しい。

図1、『東日流外三郡誌』に現れるアラハバキ神　鳥居礼著『日本超古代史が明かす神々の謎』日本文芸社より

青森・津軽地方の古史、古伝『東日流《つがる》外三郡誌』では遮光器土偶を荒吐神として伝える。津軽地方の間では考古学研究者の遺物発見より早い年代に崇められ

てはいたことは確かである。瓜二つの挿画は偶然の一致だろうか？　少なくとも雪の反射光から目を守る縄文人の人型を作ったものではない証である。以下を参照されたい。

『東日流外三郡誌』は江戸文政五年（一八二二）古代津軽の歴史を後世に残すため収集した文献や口伝を編纂したもので、明治十五年和田長三郎・子、長作書写。和田吉次の子孫和田喜三郎が昭和二十二年自宅の改築時に屋根裏で発見した。明治時代や昭和の言葉づかいや誤字があることから偽書といわれるが、私見によるが、原本は江戸時代から度々紛失し、先祖代々が聞き伝えに編纂を繰り返したと思われる。「記紀」なども時の為政者により作為がある。いわんや地域史を意図的に偽る蓋然性は考えられない。ちなみに、遮光器土偶が亀ケ岡遺跡で出土は明治十九年である。また、国定史跡認定は昭和十九年だ。今日でこそ縄文時代の遺物に注目が集まっているが、東北の縄文文化に着目されたのは三内丸山の遺構出現といった平成に入ってからである。遮光器土偶がアラハバキ神（荒吐の神）として描かれていること自体、亀ケ岡文化を継承してきた証である。

三万年前のブュルム氷河時期、陸続きで日本に定住した北方系阿蘇部族、中国大陸系津保化族などアイヌ言葉を使用した人々が東北地方に多くいた。

縄文時代以前から阿蘇部の森（岩木山）には穏やかな阿蘇部族が住んでいて、自然を

図2、縄文晩期 遮光器土偶（1986年〔明治19年〕青森県亀ケ岡遺跡）重要文化財・東京国立博物館所蔵

信仰し、万物は人間と同一と考え、食物も木の実や動物も「命をいただきます」と感謝し、腐らせるほどの収穫はしなかった。

弥生時代に入ると大陸から渡って来た荒々しい津保化族＝渡来人に阿蘇部族は征服される。

アラハバキ神のルーツはアラビア・ヤマン部族の蛇信仰。縄文晩期日本に戻ってきた縄文人末裔が形作った。蛇を地母神の化身とした女性崇拝の宗教。ハバキは蛇と木。やがて、天照大神が主神になると土着神の主客転倒を露わにした。アラハバキ・荒吐神と漢字を充てられた。また、アラー「唯一崇拝の対象」がアラに変化の説もある。

縄文人のワークショップとジャズ演奏家のインプロビゼーション考

本稿はジャズ演奏の特徴であるインプロビゼーション＝（即興）と、人類史上前人未踏であり、手探り状態の縄文人の日々である日常生活をオーバーラップしながら、ジャズマンの演奏におけるメンバー間の相克の結実としての楽曲と縄文人の狩猟採集・漁労や土器づくりといった日常生活を体験学習としてのワークショップと位置付け、縄文人やジャズのセッションにおけるリーダーや各パートの役割を考察する。

もとより、私は、ジャズを演奏したことのない鑑賞派であり、考察のベースは上智大学トーマス・インモース教授ゼミで学んだ心理学と現代ジャズ学研究所時代ジャズミュージシャンに演奏合間に聞き書きした覚書をベースにしたものである。

ジャズ演奏家と縄文人の日常、「時間とともに進行し、展開しゆく現場」という共通テーゼに注目し、そこに生起することを研究対象に、両者におけるインプビゼーションの位置付けに意味のある類似性が見出される。また、精神分析の祖フロイトの創案「自由連想法」は、精神科医とクライアント相互により潜在意識を刺激語と連想語により顕在化させ、絡められた糸を解きほどき、創造力を湧現し、精神疾患を快癒へと誘う、セッションである。

インプロビゼーションに沿うべく、あらかじめ準備された予定方向性と、考えなしに辿られる過程という三者の共通項がある。

ジャズと、縄文人の日常における「内的枠組み」とは、即興を生起させるための足場であり、「共有の枠組み」は即興行為そのものの枠組みであり、ともにパーソネルのどちらかの意識が欠けても成果は成立しない。常に緊張をしいられた現場での昇華である。

複数のミュージシャンや縄文人がそれぞれ主体的に演奏や作業に参加することで時間的ズレが生じる時がある。また、意図的にリーダーを持たないセッションもある。縄文人の作業には初体験の場も多々あり、全体を統括する「長《おさ》」の経験則や直感にゆだねられる場面が多い。

〔ミュージシャン談〕

「創造への導入」では「枠組」の母性すなわち「守る」機能の働きに「内在する枠組」「共有される枠組」と、今演奏している瞬間で、大事にする演奏者の枠組みの最小化は共演者とのコラボレーションを容易にする。「枠組」とは、コード進行とリズムであり、無論、モチーフは大事である。

ここでの「長」とは、作業リーダーではなく、「長老」であり、総監督である。「長」は人格を重視され、世の中を俯瞰できる人が選ばれる。時に「長」は、「健常者」に持ちえない霊感の強い者の判断を仰ぐこともある。具体的作業指示はしない。ちなみに、「リーダー」は原則、作業ごとに交代する。いわゆる、権威付け役職ではなく、適材適所に自薦・他薦される。蛇足ながら、リーダーに特別な配当はなく、収穫された物品は、老人・障碍者や女性に優先的に配給される。また、疲弊している集落に心配りをする。

〔ミュージシャン談〕
「時間的なズレは、ある意味スイング感の源と思う。拡大すると、気持ちいい等、感性プラスのフィーリングに転化」。刺激的・愉悦感・遊び心等々。メンバー間に共有意識がスイング感を生む。ワークショップにおいて間違っている人やレベルの初歩的な人に合わせる余裕と対応の心構えをもってないとズレは修正できない。

無論、ジャズ演奏同様、縄文人の日常生活も同様にグルーヴィ感をもとめられる。稲作が始まった弥生時代以降は効率的収穫を第一義に求められ、「足手まとい」や「雑草」の概念も生まれた。効率主義は優性主義であり、人々の可能性の芽を摘む。差別主義でもある。縄文人は、誰人も可能性を秘めた個性と認識した。経験豊かな老人や好奇心旺盛な子供を始め、精神障碍や発達障碍も、常人にはない感受性や直感力を認め、ワークショップの牽引者として存在した。そこにグルーヴィ感も生まれ、危機も回避でき、エモーショナルにワークショップは進行する。無駄な人、あるいは足手まといはいない。誰人も可能性を秘めていると縄文人は認識した。

縄文時代の遺構からは「小児麻痺」など障碍者が成人したとされる抜歯遺体も丁重に出土されることからも、共生・共助、共援社会が認められる。

ジャズにおける「枠組み」とはキイ、コード進行とメロディー、リズムである。

〔ミュージシャン談〕

「枠組み」を若干変える時がある。枠組みは歴史に培われて出てきたもの。即興は今、演奏している瞬間を表現するものである。ソロをとって、ある程度は熱くならなければばいけないが、周りの音が聴けるくらい冷静にコミュニケーションを図ろうとする努力はいつもする。共演者のリズムフレージングにつられそうになる、引きずられそうになる。共演者が意図的であるかによる。あえて、「つられる」事によって全体のサウンドがまとまるなら、そちらをとることもある。自分だけ正しいと主張して誇示するのは大人気ないと思う。演奏している他のメンバーの演奏する音楽とのギャップもアドリブを生み出す源泉である。ピアニストのハーモニー感覚やドラマーのリズムメイクにフレーズは大きく左右される。

縄文人の日常作業も、共生を柱に、感性と悟性にゆだねられる。縄文人のワークショップでも、良い結果が出る作業時にはメンバー間にリズム感やメロディーを感じ、共感が生まれる。

〔ミュージシャン談〕

馴れ合いの仲もなかなか良いが、音を出す際の自分の精神状態をどうもっていくかで結果が待っている。一人、枠組みを越えてしまった演奏に共演者がついてくるケースは相当まれで、避けたいメンバーもいる。

ジャズのコード進行やブルースコードは美術を多少かじった私の立ち位置から、絵画に例えれば、色を重ね塗りした独特な色使いの「雰囲気」＝共有イメージであり、メロディーは線でデフォルメされたものといった共感イメージの共有化である。

〔ミュージシャン談〕

通常コンサートのモダンジャズの演奏では、通例、最初に原曲のメロディーを演奏し、そこからアドリブに入って最後に、また枠組によって、アドリブ演奏中も、何の曲であるかの認識メロディーが再び流れると、帰ってきた安心感が得られる。

同様、縄文人の日常作業も、共有される「枠組」があり、経験則から得た感覚的なリズム、メロディーは安定感であり、習慣化される。作業中の不協和も、メンバーの掛け声や作業リズムから「枠組」が共有され、成果へと結ばれる。縄文人は一人目立ちがり屋を好まない。成果主義でない。ハーモニーを重視する。

同様に縄文人の日常での「枠組み」もある。先人が石器時代から培ってきた経験である。石器や、黒曜石の採集加工といった経験。温暖化により、様変わりした環境。木々が生い茂り、マンモスやナウマン象に変わり小動物に様変わりしてきた、そんな渦中、移動生活から定住化と進む。先人の経験則を尊びつつ、修練を重ねていく。

土器の発明は、ドングリなどのアク抜きや食生活も加熱処理により、安全になってきた。縄文土器づくりのきっかけは諸説あるが、「土」が火力により、化学変化し、鉄分が溶け、固くなることの発見である。

縄文土器は器であるが、デフォルムや文様は「共通言語」でもあり、祭祀に使われる神器でもある。

土器づくりの原点は、以下のように想定されている。もともとカラムシなど、繊維質の植物の樹皮から籠などを作ってきたが、籠の網目から中のものがこぼれてしまう。そこで、粘土を周りに塗ったところこぼれなくなった。空になった籠に粘土を巻きつけた器を囲炉裏のそばにおいておいたところ、偶然、籠は焦げてなくなるも、粘土は固まって残った。やがて、粘土だけで土器を試行錯誤しながら作り始めた。当初は尖底土器で、囲炉裏の石のあいだに底を差し込んで煮物をつくった。文様も付けなかった。

今を生きるジャズマンと縄文人

ジャズ評論家、故相倉久人はジャズの鑑賞姿勢を正す。

ジャズには二通りの聴き方がある。表面的な音だけを追ってそのムードを楽しむ聴き方と、その奥に流れる生身のリズムを感じて一緒になって興奮する聴き方だ。いちおう前者を鑑賞派、後者を行動派と名付けることにしよう。ジャズは、本来行動派のための音楽で、そういう聴き方をしなければ本当にわからない。ジャズを聴くためには聴く方もまた、彼らとともに井戸の穴を掘り進めねばならない。

（『現代ジャズの視点』東亜音楽社）

井戸を掘ろう敢然として。井戸とは深層心理学フロイトのいう個的無意識「イド」であり、また、C・Gユングのいうところの人類共通の「普遍的集合無意識層」に当たる。混沌としたカオスに位置する「アブストラクトセンセーション」の世界だ。個人の最も深い無意識の領域にあり、あらゆる人間の誕生した時の精神的資質をすべて含むものであり、あらゆる人間の欲望や自我などの精神構造の根源に位置する。

故安原顕氏はジャズは瞬間の形而上学であると述べる。「短いフレーズの中に己れの宇宙像と魂のすべてでも、叩き込み吹き込むものだ」(『ジャズ―感性と肉体の祝祭』青土社)

パスカルは『パンセ』のなかで、「人間は考える葦である」と記述した。葦は雨風に身を任せ倒れるようだが、強風が収まれば再び立ち上がる存在だ。それを反省的自我の確立という。人間と動物の根本的相違とは、自分を客観視できる自我意識の確立である。犬や猫が一日の行動を反省するだろうか?

地球の歴史は四十五億年といわれ、生命萌芽の歴史は三十五億年で、猿人が二〇〇万年前出現。五十万年前北京原人誕生。自我意識の発現はいつの頃かと考えてみるならば、十五～十万年前のネアンデルタール人(旧人)の遺跡で死者の墓に花を手向けていた形跡が確認される。死への意識は周りのものとは切り離された存在としての自己意識である。ホモサピエンス(新人)クロマニヨンやモンゴロイドの誕生は三万年ほど前だ。

人間とは、言葉を話すとか、物をつくるとか、あるいは喜怒哀楽などで定義づけられるだろうか。ある種の鳥はクチバシに石を咥えて卵の殻を割るそうだし、犬や猫だって言葉を話さないだけで、愛情の面など、動物の親子のほうが人間より細やかと言えないだろうか。それでは人間と動物との根本的相違はなんだろう。それは自分を客観視できる自我意識の確立である。それを〝反省的自我〟と言う。まさに人間的生といえるだろう。

自己を振り返って見つめるという傾向性を根本的〝あるもの〟と発見してしまった人間は、それを満足させることによるしか本当の充足感を得ることができなくなった。トインビーはそれを「精神的実存」といった。まさに的を射た至言だ。

ジャズの表現構造はその〝あるもの〟を顕在化へと志向させる。

今、ステージには三〜四人の演奏家が上がっている。お互いに演奏仲間であるといっても、ひと皮剥けば彼らとてこの不毛の時代に生きている人間であることに変わりない。違いはジャズという道を求める境涯だろう。ともすれば我欲といった動物的本能に支配されがちな自己への超克だろう。

ジャズはインプロビゼーション＝即興音楽だが、デタラメではない。演奏のテンポやコード進行の大まかな約束でスタートする。それを「テンション」と呼ぶ。テンションが使われることでハーモニーに緊張感や浮遊感が生まれる。彼らはそれぞれ勝手にエモーションを吐き出す。ぶつかり合う瞬間の譲り合い、引き合いこそジャズの妙技だ。

米国の生んだ最大の作家ノーマン・メイラーは語る。

ジャズは「ぼくはこれを感じる。そして、そら、きみだっていまそれを感じている」といったからである。存在の根底は探求であり、究極の結果は意味深長であるが神秘不可思議であるという考えにもとづく生活である。ヒップは巨大なジャングルのなかでの聡明な原始人のソフィスティケーションであって、したがってその魅力はまだ文明人にはわからないからである。

ジャズを縄文人に置き換え可能なベクトルである。
ノーマン・メイラー『ぼく自身のための広告』（山西英一訳）一九六九年新潮社刊。
ヒップスターとスクエアーの対比を本書からいくつか引用してみる。

上、Hip　下、Square
ニヒリスティック×権威主義
問い×答え

自我×社会
心理学者としてのマルクス×社会学者としてのマルクス
D・H・ロレンス×オルダス・ハックスリー
子供×裁判官
私生×堕胎
ピカソ×モンドリアン
（以下私見の追加）
縄文人×弥生人
黒人×白人
インディアン×侵略者
岡本太郎×横尾忠則
ジャズ×クラッシック
本能×論理
野性的×実際的

以上から縄文人とジャズ演奏家共通のイメージはつかめただろう。ヒップスターは、独立精神が旺盛で、創造的。契約より自由を愛し、人に使われるのも使うのも嫌いだ。そのくせタフに生きていける。スクエアーを直訳すると、四角形という意味で、ヒップスターは、新しいものに敏感な人を指す。

ジャムセッションでのぶつかり合いもまた、ジャズの醍醐味でもある。「対話」とはお互いに変更の用意があることをいうが、極限まで音のバトルは続く。お互い自らの感性と悟性に委ねる。その渦中、コミュニケーションを断たれた現代人のエゴの様相が垣間見られるが、ジャズという表現構造は我欲を昇華させるかのように相互を結ぶ。一本の糸がまるで奇跡のようにブラウンの法則が働き、紡いで至高の音が天から降りてくるかのようだ。

縄文人の狩猟や採集などの日常作業も過酷な自然環境相手であり、瞬間的判断によるリーダーはいても、時や所により適材適所でリーダーは代わる。瞬間的に方向転換の柔軟さを求められる。収穫はメンバー全員の創意であり、リーダーに特別な見返りはない。全員の手柄だ。集合離散を旨とする。

縄文時代は自助共助社会だ。エゴイスティックな人はいなかったのだろうか？　地図もない、海図もない、天気予報もない、時計もない、暦もない。まるで譜面を持たないジャズ演奏だ。頼れるものは感性と悟性だ。

エゴイストは生きられない社会だった。ジャズバンドも目立ちたがり屋は排斥される。ジャズと縄文人の共通項は双方共、境涯が高い人々が主役の文化といえよう。

あるいは、おざなりに事を運べない。真剣勝負の縄文人やジャズセッションの空間が人格を高めるともいえるだろう。

ジャズは「バックビート」が基本になっている。クラッシック音楽との大きな差異である。万一ジャズが誕生しなかったら現代のロックもフュージョンもポップスｅｔｃ、軽音楽のすべてを耳にする事のない退屈な日常になっただろう。イギリスではビートルズも誕生しなかっただろう。

スペイン人などに交合された中南米先住民とは違い、北米に移住したインディアン＝縄文人は比較的血の交配純度が保たれた。今日でも北米の五十九州に先住民自治区の名称が冠されているのが証左だ。

更に、現在でも多くの州で日本語と共通する語彙が使われている。我が国の主要流通寒冷地米「早稲品種」は、北米の縄文の言語に謎解きがあった。

野生早稲のルーツ

スタンフォード大学ナンシー・ヤオデイブィス女史はアメリカ文化学会で北西部沿岸に居住するズニ族を次のように語った。

日本語と共通する語彙をもち、部族の紋章、菊花十六弁や「先祖は太平洋の西から来た」という伝説を論拠に、ズニ族は古代日本の強力な海洋民族と関係が深い。

ハーバード学派のオタワ大学教授イーセル・スチュワードも同じくアメリカ文化学会で「アパッチ・インディアンやナバホ・インディアンは中央アジアのコタン（アイヌの小集落）が祖地。彼らは太平洋を越えてアメリカに定着した」と語る。

ウイスコンシン州生まれ、インディアン部族の末裔であるドン・R・スミサナ氏は親日家であり、IBM技術者で数年間日本勤務。NECや京セラの役員歴任。

以下はスミサナ氏の語る日本とインディアンの関係性を要約した。

三万二千~二万八千年前、ベーリング海峡の氷橋が七回繋がった氷河期にインディアンたちはカリフォルニア沿岸からアラスカ、アリューシャン列島までアシカを追って北上した。鯨を捕るより、アシカのほうがはるかに安全である上に、脂・弓弦・胃袋を提供してくれ、エスキモーが「北方アシキモ」の名を残すほど美食を提供してくれる。その道筋に沿い、野生の稲が北海道~東北地方に導入されたと考える。古代日本の稲は「晩成型」で、関東以北の寒冷地で米の栽培は不可能であった。インディアンにより早稲品種が導入された。六千年前には苗を携え日本に移住した者も数多くいた。

アメリカの野生の米は歴史が長い。ミシシッピ川に代表される水路に沿う米の生育はトウモロコシ以上の食糧供給源であった。周辺河川の穀物の人々を峰穂民=ミネホミン族と呼ばれた。

精米された米でお粥をつくり食した。これは「メシェ」と呼ばれ、日本では「飯」になった。

スミサナ氏は、古代アメリカは日本人が住んでいた証として、現在も日本の語彙が二十四州で使われていると代表例を挙げる(筆者五点に絞り要約)。

SHIAWASSEE　RIVER（幸せ川／ミシガン州）
WEEKIE　WACHI（浮いているワニ）
YOSEMITE（寄せ峰／カリフォルニア渓谷）
TONAWIVDA（十の湾のある場所）
GOWANDA（五つの湾田）
（『古代、アメリカは日本だった！』吉田信啓・訳／徳間書店）

奴隷として北米に陸揚げされた黒人と協調し、白人との交渉の仲介役を務めたと推測できる。縄文土器や土偶に見られる先住民縄文人末裔の感性の豊かさと、黒人のリズム感や躍動感が相互作用を生んだ。北米では縄文土器は作られなかったが、双方結実のジャズ誕生の土壌を耕した。

高貴な先住民「イロコイ族」

イロコイ連邦＝シックスネーション＝と呼称される。

イロコイ連邦設立は一千年前。設立宣言として、巨木※を掘り返し、全ての武器を木の根元に埋めた。※ホワイトパイン平均高さ二十七メートル、直径一メートル。

「イロコイ連邦」インディアン六部族（フューガ族・モホーク族・オナイダ族・オノンダーガ族・セネカ族・カスカローラ族）で構成される十二万人の国家集団。リザベーション「保留地」はアメリカとカナダにある。国連に承認されている独立自治領である。一七九四年、アメリカ合衆国と平和友好条約が結ばれ、イロコイ連邦独自のパスポート（図３）発行。

図３、イロコイ連邦のパスポート（出典：インターネットより）

立法権、課税権、免許発行権、交戦権、通貨・紙幣発行権を独自に有する。北米では七番目に大きな部族。

アメリカ連邦捜査局FBIもイロコイ連邦内に捜索権は及ばない。

アメリカ建国の手本になった「イロコイ族」。

決議は多数決で決めない。老若男女・子供も参加。納得できるまで話し合いで決める。

食料や財産を個人で所有しない。ある家族が困窮すれば他の家族が蓄えを与える。連邦の外の人々にも対応する。

三種の作物、トウモロコシ・カボチャ・豆を「三姉妹」と崇める。

母系社会。グランドマザー（氏族の母）として、女性首長が全権を握る。族長は男だが、候補者選びはグランドマザーだ。

イロコイ族がアメリカ政府に土地譲渡は女性のサインのみ有効。

女性は「土の主人」農業の発案。畑の持ち主は女性。

女性は生命誕生の源である。

民主主義、福祉社会、エコロジー、フェミニズムなど、近現代代表的思想の潮流のルーツが「イロコイ社会」にある。

ヨーロッパの知識人、ロック・ルソー・マルクスたちを啓発させた。フランス革命、アメリカ独立、共産党宣言の複線をひく。

民主主義は、ギリシャ、ローマにはじまり、十三世紀のイギリスの大憲章、十八世紀フランス革命、アメリカ合衆国実現などが単なる理想で、同時代、自由と平等直接民主制を体現したのは「イロコイ連邦」だった。

十三植民地がアメリカ合衆国として独立の際、イロコイ連邦が協力し、大統領制や合衆国憲法の制定に関係する。ベンジャミン・フランクリン（外交官・政治家・科学者）トーマス・ペイン（イギリス出身／アメリカ哲学者・政治思想家）ジェファーソン（三代大統領）に影響を与える。近現代の大統領ジョンソンまでは就任にあたりイロコイ連邦を表敬訪問した。

十六世紀中頃、アメリカ北部森林地帯で争いが絶えなかった。イロコイ連邦の調停者が戦士間の部族長に説得する。

「天空の大聖霊の酋長から良き知らせを持って参りました。部族間の争いは終わらせなければなりません。良き聖霊は人間たちが血を流すことを決して望んでいません」

調停者は跪き、双方に握手を求めた。

啓蒙思想家・フランスの哲学者ジャン・ジャック・ルソーは、北米を含む先住民社会

図 4、ホーデノショーニ〈ロングハウス〉（出典：インターネットより）

という鏡にヨーロッパを映して、後者への批判を深めた。（ヨーロッパ人は）だれもが腹も心もじゅうぶん満たされている。もっと原始的な社会のことを知れば、脇目もふらずに世俗の財産を求める今のような生き方を考え直すかもしれない。アメリカ・インディアンはこうした理想にもっとも近づいた人々として、我々の手本になってくれるだろう。

　後に十三州の統一を築き上げたベンジャミン・フランクリンはイロコイの調停者や長老に接触し、その教えを傾聴した。

イロコイ族の住居（ホーデノショーニ）※（図4）東西二〇メートル高さ六メートルのログハウス。ニューヨーク州北部と国境カナダのケベック州、オンタリオ湖南端に定住、結婚すると、妻の母親の家に同居。家族が増えると家を長く増築する。四〇人同居もある。

――ショート縄文物語――

少年と巨大白蛇

本稿舞台は、神奈川県横浜市丘陵地帯にある縄文時代後期の「小仙塚」である。周辺は浮島状態の台地であり、周囲は海に囲まれ、台地続きには落葉樹を含み雑木林が生い茂っている。葉が紅葉した後は見通しのいい森が広がり、小動物の動きが目に入ってくる。女性たちはドングリや銀杏を拾い集めている。常緑樹のマテバシイはアク抜きの必要なく、大粒で大量に取れるので、子供たちのおやつの縄文クッキーや肉入りのハンバーグは家族に人気だ。同様スダジイもアク抜きの必要がなく生でも美味しい。焼けた石の上で軽く煎るだけで男たちの酒の摘みになる。ここらではヤマブドウ酒がつくられた。

ここ小仙塚集落は二十軒ほどで中央は広場になり、周辺は貝塚である。

あちこちで湧き水も豊富で、プランクトン豊富なせせらぎにはクレソンが繁茂し、サラダに美味しい。ザルに収穫する母子の姿も見られる。

十歳前後の男の子が両手で土器を持ち貝塚に貝殻を撒いている。

いつの間にか少年の後方に子犬が現れ、シャッシャッと前脚で穴を掘りはじめた。魚の骨を咥えると一目散に逃げ出した。

「わんこ待って！　どこに行くの？」

少年は後を追っていく。崖の横穴に子犬が骨を差し出した。中には前足を舌先で舐めている親犬がいる。子犬は骨を親犬の口元に寄せている。奥にはおっぱいをしゃぶっている子犬も目に入る。

「お母さん犬、怪我してたのか～」

数日後、少年は集落の外で動物の骨がついている肉を手にすると走って犬のいた崖穴に向かった。後方で怒鳴り声がする。

「泥棒～！　大切な食料持って行くな！　苦労して手に入れた物だ」

「だってぇ落ちていたんだよ～」

「家に運ぶ時落としたんだ。洗えば食える」

「ごめんなさ～い」

「自分で収穫したら大人の印をつけてやる。一人前の証だ」

縄文時代の通過儀礼で抜歯をする。

初回は上歯の左右奥歯を抜く。乳飲み子からの脱却だ。

「鮭が上ってきたぞ！」

川の方から歓声が上がる。少年は家に戻り、小川で魚釣りする釣り竿を手に歓声の聞こえる川に降りた。何十人もの大人がそれぞれの方法で鮭をとっている。あるものは棍棒で叩きつけ、釣り糸を垂らしているものもいる。また、サスで突き刺し、鮭を手に歓声を上げる者。網に追い込み漁をする多人数もいる。

「迷い鮭の大漁だ～！　今年の冬は越せるぞ！」

鮭の腸を捌いてイクラを塩漬けにするものもいる。

川を遡上してくる鮭は縄文時代の人々に貴重な食料源だ。

「鮭が糸を引いてるぞ！」

少年は喜んだのもつかぬ間、釣り竿が折れた。

「痛て～！　鮭を逃がしただけでなく、ハモに鼻先を噛まれた～！」

集落の隣のおじさんは近所の人たちと鮭を手に小躍りしている。

「山向こうの人たちは鮭が上ってきたのを知ってるのかな？」

ふと少年は呟く。

「知らんじゃろう。川がないしな〜」

「教えたほうがいいんじゃない」

もっともだと、おじさんは少年の頭をなでほほえむ。

「シカ狩の時は教えてくれたし、お互い様だ」

二人は頷く。

「おいら一走り行ってくる」

少年は崖を上っていく。

夕げの食卓は、お湯を張った土器で貝を煮込んでいる。

今日より水面が三メートルも高く、海の入り江は山奥近くまで浸食している。干満差が激しく、多種類の貝が生息する。

「今日は貝と鮭の刺身のご馳走だ。俺は逃がしたけどね、へへへ」

「その鮭、隣のおじさんからの貰い物だよ」

「お前いいことしたんだってね。山向こうの人たちが喜んでいたよ」

少年は誇らしげな顔をする。

鮭漁の話に花を咲かせていると、竪穴住居の床にアオダイショウらしき緑色の蛇が進入してくる。逃げ惑う山鼠を一呑みした。

「ヤマカガシでなくってよかった～」

ヤマカガシはマムシの八倍の毒を持つ。

少年は慣れた手つきでアオダイショウを捕まえ、襟元に巻いた。

「あまり玩具にすると噛まれるぞ！」

毒がないといっても、噛まれると雑菌で化膿することがある。

う～ッ。ワ、ワンワン……。

「獲物を見つけたな！」

父親が槍を手に外に出た。少年も小ぶりの槍を手について行く。猪か？　犬が猛ダッシュであとを追っていく。

ガザッ！　何かが落ち葉を敷き詰めた落とし穴に落ちたようだ。

クウ～ン。子犬の鳴き声だ。そばにいってみると穴のなかには母犬が落ちていた。

「チビのお母さん足を怪我してるんだよ」

目の前の茂みから猪がこちらに牙を向けている。

う〜!! チビが猪を牽制し、追っかける。ワンワン！ う〜ッ!!

父親と少年が猪を追う。

ガサガサドサッ！ ドサッ！

「落とし穴に引っかかったな！」

父親は槍で猪の急所を一撃した。

「お父ちゃんサイコウ！」

父親は、仕留めたイノシシの内臓を開き、血抜きをし、背負って住居に戻った。

その日以来、母犬と子犬は家族の一員となった。少年は犬の怪我した足に添え木を充て、治療した。

縄文時代多数の竪穴住居跡から、丁重に葬られた犬の死骸が出土している。

弥生時代、犬は食用で、骨は集落に散乱している。

とある日、集落の広場に人だかりができていた。

「白い大蛇が下の三つの池に出て、村の人が池に呑み込まれたぞ」

「そりゃ大変だ〜ッ！」

「オレ、見に行ってくる」

少年は小躍りしている。

「止めなさい！」

母親の声が聞こえたが少年は止まらず池に急ぐ。

大きい池の周囲には、人だかりができている。

「何でも、渡来人が稲作に使う水でもめていたようで」

「池のそばにいた人が大蛇が絡みつかれ、池に引きずり込まれたんだって」

「バチがあたったんだな！」

「自然を破壊して稲を植えるんだって」

「蛇の住処を破壊した祟りだ！」

「そういえば近頃知らん顔を見かけるな。恐ろしい。半島の人らしいよ」

白蛇は全長十数メートル。二頓の重さで、公園管理者が昭和三十年代にかいぼ堀した時、死骸を発見。現在は神奈川県立三ツ池公園内「水神宮」に池の守り神として祀られている。

「ボウズ！　お父さんやお母さんが捜してたぞ！」

「土器づくりを始めるって」

「お前も一人前になったら、今度は下の歯をも抜いてやるぞ」

少年はにがり顔を見せるも、スキップしながら集落に向かっていく。

少年の住居では家の外に筵を敷き詰め、数人で土器の成形をしていた。

「模様はどうするかな？」

「やっぱり、縄目が良いじゃない」

お母さんが手を動かしながら相づちを打っている。

ワンワン。愛犬が少年を迎える。母犬と子犬の頭をなでる。

ウ〜ワン！　子犬が何やらを威嚇している。

アオダイショウが住居の入り口から顔を出し、体をくねらしている。

「わんこ。大丈夫だよ」

少年は小枝を手に蛇を巻き付けていく。蛇の頭を掌で覆い、腕に巻き付け、さらに襟巻きにした。

「父ちゃん、縄を模様にするなら、蛇を巻いたら？」

縄は蛇の象徴だ。脱皮を繰り返す生命力をあらわす。

少年は父親の土器を手にすると、身体に巻き付けていた蛇の頭を持ち、土器の周りに巻き付けていく。蛇は突然威嚇し、少年の指を噛んだ。

「痛ッ！」

「大丈夫だよ。毒はないから、噛まれたところを吸い出し、唾をつければ治るよ」

アオダイショウはおとなしい性格だが機嫌を損うと牙をむくことがある。

指を噛んだ蛇は逃げていった。

「アナタ。蛇は可哀想よ。縄を巻きつけましょう」

野鼠が横切った。キユッ！　蛇が鼠を一呑みした。

少年はお父さんの土器に丁寧に縄を巻き付けていく。

「素敵じゃない」

「上手いじゃない」

物語の舞台は、神奈川県北東部に位置し、中期縄文土器の最高傑作新潟県出土「火焔土器」また、長岡出土「馬高式土器」の原点「勝坂式土器」出土圏内で同県内「勝坂遺跡」からも直線三〇キロ圏内だ。横浜歴史博物館や、神奈川県埋蔵文化財センターで出土勝坂式土器を鑑賞可能だ。

両親は少年の成長に微笑み、頭をなでた。

一週間ほどしたら磨き上げだ。

「オイラ、磨くよ。ハマグリの殻も持ってるし」

少年は得意顔をする。

数ヶ月後、集落の広場で土器を持ち寄り野焼きである。

焼き上げには半日ほどかかる。その間、縄文太鼓や土笛など持ち寄り秋祭りだ。大人たちは酒を飲み交わす者もいる。

盛大に燃え盛る炎はハレの気分をかき立てる。火が落ちた灰の中から顔を出す土器は新たな生命の誕生だ。

大人たちが太い枝を使い土器を取り出す。

火が落ちた灰の中から、灰の蛇がとぐろを巻き出てきた。

灰縄の先端が蛇の舌先のように、残り火で赤く光って見える。

「蛇の灰壊さないで」

少年は興味深そうに顔を近づける。

「熱いぞ〜ッ！」

周りの大人たちが少年の腕を引き、遠ざける。

突然、小さな竜巻のように灰が巻き上げられ、縄の灰の蛇がとぐろを巻き蠢きだした。

野焼きの熱で空気があたためられ、小さな気圧変化することがある。

焼き上がった集落皆の土器が火種から離れた所に並べられた。

「皆いい出来だな〜」

「オイラの付けた縄模様の土器はど〜おっ」

周囲から笑い声と拍手が湧く。

「池の方の空を見ろよ」

何人かが指差した。

夕日に照らされた千切れ雲が、渦を巻き、大蛇のように尾を引き流れている。

輪廻転生と千の風になる岐路

人間には種々の感情がある。生命的な感情や心情的感情、そして精神的感情があるが、その基盤には爽やかで生き生きとして活気に満ちた生命的感情などあるが、それを「生命的感情」と定義したい。このように活力溢れる生命状態を希求し、招来する本源的なものに合一しようとする欲望を「本源的欲望」と呼びたい。爽やかな生命的感情が出れば怒りや憎悪の心が消滅するのではなく、人間的心情の豊さを示すものだ。この「本源的欲望」が弱まり、「生命的感情」の流れが枯渇してしまえば、人間の心情も精神的感情も人間のものとは思われないほど干からびたものになる。統合失調症の患者の中には、欲望さえなくし食を絶ってしまう人もいる。無論、各種の欲望も失われ生きる屍となる。

生物としての生を維持する「脳幹」には意識的精神活動は関与しない。眠っている時、生命底流の他種の欲望にエネルギーを与える「本源的欲望」自体が衰えているのである。上位の大脳皮質の細胞は活動を停止しているが、脳幹の部分は働き生命を維持している。全身に分布する植物神経系である。このような生命エネルギーの基盤になるのが「本源的欲望」である。人間や生物などの生命を貫き宇宙自体に流れるエネルギーと「本源的欲望」は合一を希求している。

宇宙力学のデービッド・ボーム（ロンドン大学教授）は、思考という作業には限界がある、しかし、イマジネーションはクリエーティブエネルギー（宇宙エネルギー）を知覚できる、と。そして理性は思考という手段を通して発現される知覚であるという。更に、理性が欲望から解放されたとき、普遍的な領域インデビジュアルエネルギーに到達する。解放された理性は宇宙法則を知覚できると、述べた。

ジャズ評論家、バリーウラノフは言う。

自己誇示以外の何物でもない妙技などまったく無意味であり、高揚や三昧境が「楽しみ」や「有頂天」以上のものであることや、それがまたジャズによって達成し得るものであり、重要な帰結に達するであろう。高揚や三昧境は、この音がそうだと言って現すことは出来ないが、ジャズで表現出来るものなのである。

（『ジャズ栄光の巨人たち』スイングジャーナル）

しかし、本源的欲望は宇宙エネルギーであるユニバーサルエネルギーとの合一を希求しているが、ジャズでの可能性は個的生命流の純化であるインデビジュアルエネルギーの上位域「縁覚」という賢者の境涯だ。慢心するか。謙虚でいられるか。ジャズ演奏家の生き方次第で岐路は分かれる。更なるビジョン、宇宙エネルギーとの合一が可能なのだ。

天台智顗は「摩訶止観」一念三千の法門・十界論で地獄・餓鬼・畜生・修羅・人・天・

声聞・縁覚・菩薩・仏の十の境涯を覚智。三昧境とは声聞・縁覚で四聖（声聞界以上）の二乗にあたる。下位、六道輪廻とは宇宙に溶け込まれず、生死を転生する境涯だ。ジャズ演奏は独自の奏法が「縁」で覚者の境涯を顕在化する。

一流の域に達したジャズマンはアブストラクトセンセーションを脱し、宇宙エネルギーであるユニバーサルエネルギーとの合一に限りなく近づいたといえよう。なぜなら、聴衆に三昧の境地を与える菩薩行を実践しているからである。

私見だがジョン・コルトレーンは多種の働きをする仏の振る舞いのその一つ、「妙音菩薩」である。菩薩の到達点が「仏」であり、「神」である。四十歳で肝臓癌で亡くなったが、生き方は聖者そのものである。死んでも多くのリスナーに、限りなき名盤を残し、鑑賞者の無明を純化させ、苦悩から解放させるエネルギーを与え続ける。更に、現在のジャズマンの中で生き続けている。

神は死んだが、人間を宇宙エネルギーと合一させる芸術はジャズより他にはない。アルバート・アイラーに代表されるジャズのアルバムタイトル「魂の合一」「聖霊」「魂の喜び」といった宗教的なのも偶然ではない。

結びとして、ジャズの効用について、詩人である故鍵谷幸信（慶応大学教授）の言葉をもって終わりとしたい。

ジャズの秀れた作品を聴く時、いつもアタマにいや心の中を去来するものは「サウンド」「チャンス」「時間」「空間」そして「沈黙」ということである。サウンドがいきなりどこから出てきたのか判らないままなりひびく、そのチャンスはおそらくいかなる論理や先入観をもはるかに超えたものである。それから時間が融通無碍に働き始める。現在が過去が逆流し、過去が現在を飛びこえて未来へつながる。空間が変幻自在に廻転してくる。ミクロが傾斜し、マクロが進む、もう僕はその真只中にいる。つまらない想念や常識や通念を一瞬にして忘却させる。自分から「自分」が浄化されていくのをいつも感じる。別の自分が生まれている。モダンジャズは僕にとって自己解放と同時に自己開発の大いなる力を発揮したのである。

(『音は立ったままでやってくる』集英社)

渡来人の来襲は弥生時代を生む。中国の『三国志』など歴史書に「倭国大乱」と記される。以降日本史上、飢餓・疫病・合戦の瑞相となった。一万数千年持続した自然界と共和の縄文時代終焉だ。ジャズ演奏的生き方は否定され、仏典の末世、貪《とん》（むさぼり）・瞋《じん》（いかり）・痴《ち》（おろか）＝三毒、人心乱るる世となる。今こそ端座しジャズに傾聴する時だ。環境は主体の鏡である。各人の感性・悟性の純化が求められる。ヒップに生きよ。

ジャズと縄文土器

二名の知識人による「ジャズと縄文土器」に関する論稿を一部転載する。

宗左近・詩人（一九一九〜二〇〇六）

似てはいる。共通のモチーフはある。一つの雰囲気はもっている。だが、必ずどこかで、画一性をはずれる。即興性に身をゆだねることを、作者は喜びとしている。まるで、粘土を使ってのジャズ演奏である。

したがって、縄文の作品は一つ一つが独自である。一つの作品は一つの作品でしかありえない。ほかに類を見ない特徴が、そこにある。

そのため、縄文のどういう土器を前にしても、わたしはどきどきする。ここにだけはきっと、未知が、わたしを待ちうけている……。なかでも、とくに意外性に富んでいるのが、中期の勝坂式土器である。(『私の縄文美術鑑賞』新潮社)

梅原猛・哲学者(一九二五~二〇一九)

勝坂式土器は、中期縄文土器のみならず日本の縄文土器のもっともすぐれた土器であろうが、「火焔土器」とよばれるこの「馬高式土器」もまた、縄文土器の圧巻といってよいであろう。この馬高式土器は長岡地方を中心に産出する土器である。すでに勝坂式土器において蛇は昇天する勢いをもっていた。馬高式土器も、私は勝坂式土器の変形であると思う。

ここにみられるのは、やはり蛇の文様であろう。地上をのたうちまわり、あるいはとぐろを巻き、あるいは身をくねらせて進む蛇の文様、そういう文様が、馬高式土器の文様の基本であると私は思う。しかし、口の部分はちがう。その口の部分は、火焔土器とよばれるように、火となって天に昇るのである。馬高式土器の口辺部は鋭い鋸の文様であり、そしてその上をいくつかの火焔が天に駆け上がるのである。勝坂式では線の基調がやはり蛇の跡のように蛇行した曲線の形であるが、ここではまさに天に向かって荒々しい不規則な線が絶叫している感じである。まさにこの土器は、このような火焔土器の最高傑作の一つであろう。ここにもたいへん荒々しい黒人のジャズのような生命の礼賛と絶叫がある。しかし、馬高式土器はすべて荒々しいばかりでない。それはどこかで難解ではあるが、静謐な思弁を秘めているように思われる。(『人間の美術─縄文の神秘─』学習研究社)

●著者お薦めの一枚●

ジョン・コルトレーン「至上の愛」インパルスレコード／日本発売元：ユニバーサルミュージック合同会社。

コルトレーンが神に捧げた4部構成による組曲。パート1承認。パート2決意。パート3追求。パート4賛美。本作で一つの境地に達した作品。

一神教でありながら、多神教、汎神教に近い世界観「カバラ」の書物から影響をうける。

パーソネル：ジョン・コルトレーン／テナーサックス。マッコイ・タイナー／ピアノ。ジミー・ギャリソン／ベース。エルビン・ジョーンズ／ドラムス。

インディオの縄文人

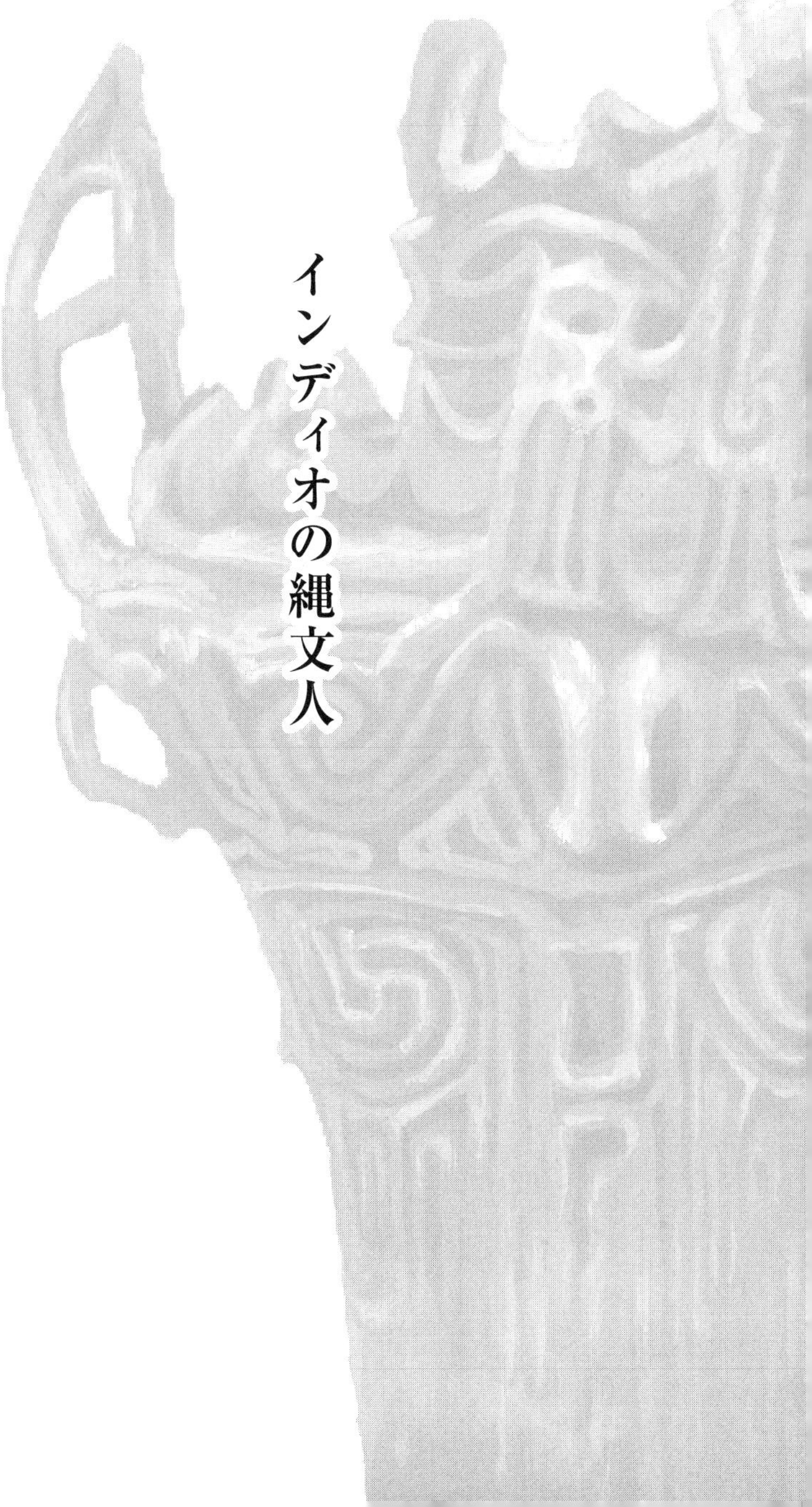

神聖視された翡翠

本稿の表題に、アメリカ先住民を〝インディオ〟と、スペイン語の「原住民」「族」を意味する差別用語を敢えて使用した。その含意は、植民地侵略者と被差別先住民の歴史を捉えたかった故である。本来、英語の「ネイティブアメリカン」を意味するスペイン語は「インディヘナ」である。

一四九二年、コロンブスとその乗務員がマイアミ海岸東沖合バハマ諸島の一つの島に到着したときインド沖合と誤認したことが、「インディアン」という詐称のはじまりだ。ちなみに新大陸が「アメリカ」と命名された所以は、後年の一五〇七年、ドイツの航海者（地誌学者）アメリゴ・ヴェスプッチが新大陸、本土を発見、名を冠されたからだ。

コロンブスは疲れ果て、乗務員は赤痢に悩まされていた。一行は先住民に助けられたが、その善意も踏みにじり、スペイン人は人類史上最大の植民地を強奪し、十六世紀末には世界の銀生産の八〇％、大量な金も略奪、搾取した。

その後スペインが中米メキシコと南米ペルーを支配の拠点とし、ポルトガルがブラジルを植民地とした。中南米先住民たちは熱帯雨林帯や海岸沿いなど肥沃な土地で、一万年以上も生活し、楽園を築いた。彼らは、トウモロコシ農業と、布織り、綿花栽培などを行い、南米では文字はなかったが、ブラジル東北部高地は豊かな草原地帯もあり、「岩絵」は盛んで、二六〇〇の遺跡に、人々の活気溢れる様子が残されている。(図1)

石造建築や灌漑施設もつくっていた。日常道具は木、骨、角、貝殻などで、鉄器具は使わなかった。九世紀に入ると、支配者の威信財として銅や銀、金の精錬及び鋳造、祭祀制、暦法など。特に中米では象形文字、万神殿、供養などの都市生活が興ってきた。

図1、岡村 淳撮影「アマゾンの百面相」AERA1992・11・2日号より

南米では「インカ文明」が十進法。中米は「マヤ文明」が二十進法を使い、ゼロの概念を独自に編み出した。

中米では紀元前二〇〇〇年以降メキシコを中心としたメソアメリカ文明が台頭する。オルメカ↓トルテカ↓マヤ文明。「オルメカ文字」と「暦」、また、「翡翠(ヒスイ)」は縄文時代同様に神聖視され、マヤに伝わるも、別系統の「アステカ」は独自に開花していった。(図2)

古代メキシコ文明史

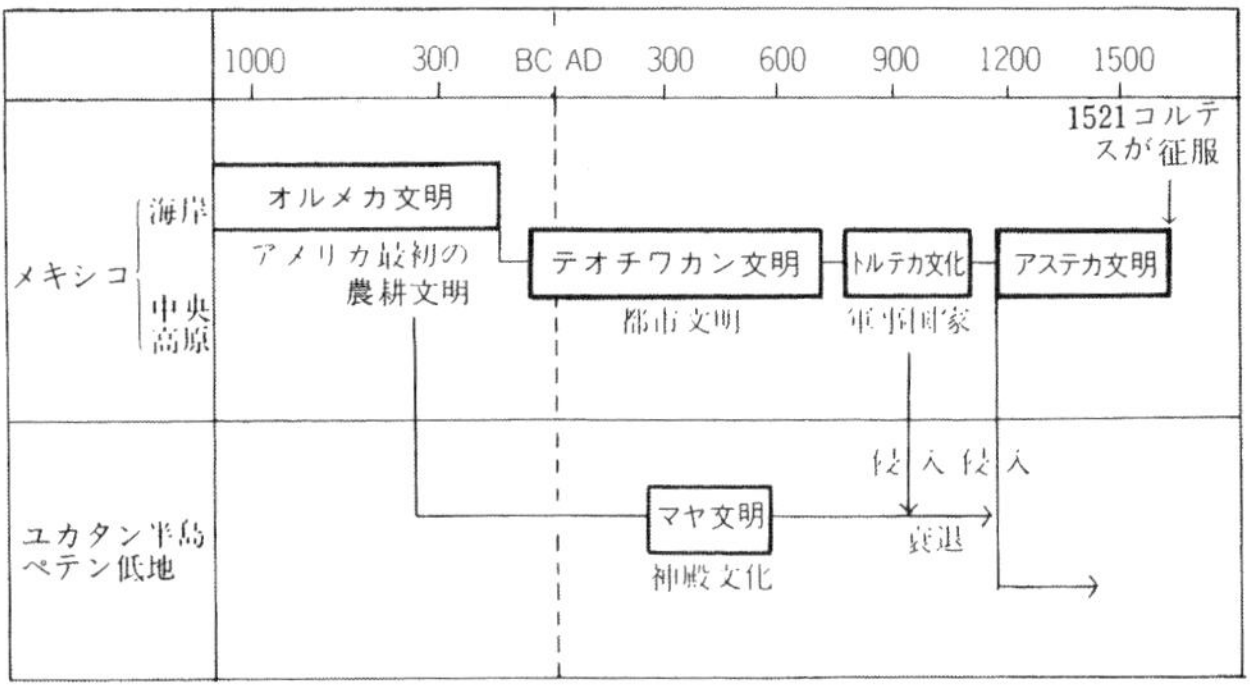

古代中央アンデス文明史

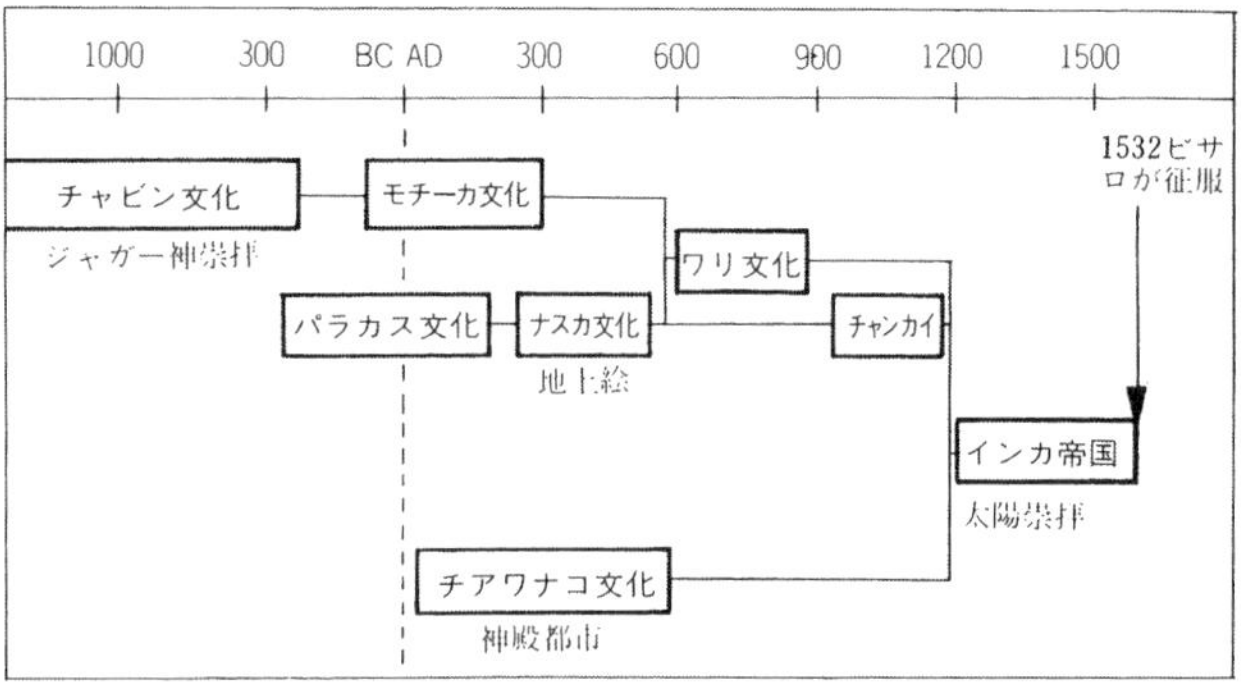

図2、
竹内 均著『古代アンデスの文明史』同文書院より

南米ではアンデス文明が栄えた。紀元前一〇〇年頃ペルー北海岸に国家モチェ誕生。ボリビア高原地帯のナスカ、ボリビアからティワナクなど文明が興った。アメリカ先住民の主要作物トウモロコシはチリからブラジル、アリゾナ、更にはケベックまで全部族によって栽培されたが、北米では気候に適応できないことから地域が限定された。トウモロコシは生育時に高温多湿を好み、成熟期は乾燥が求められるため、地中海性気候は適さなかった。

また、中米最古の土器は先古典期（前一八〇〇〜後二五〇年）に起源し、縄文土器より一万年以上遅い。南米はアマゾン川流域がアメリカ最古の土器で、前五六〇〇年頃とされる。北米では土器はつくられなかった。

中南米共、先住民は五〇〇〇年前、人口七〇〇〇〜一〇〇〇〇万人ともいわれた。侵略者たちに追われ、生活の場をはく奪されたあげく、奴隷として働かされたが、焼畑農耕を主としてきた先住民に課された作業は鉱石製錬など熟練を要し、過酷を極めた。更に、ヨーロッパ人が持ち込んだ疫病に免疫性がなく、その多くは死に絶えた。植民地の征服者たちは経営を維持するため激減した先住民に代わる労働力として、オランダの奴隷商人に手配、アフリカから黒人を連れてきた。十六〜十九世紀にかけて一〇〇〇万人以上のアフリカ人を奴隷として強制連行した。アフリカ最西端セネガルの大西洋岸に、奴隷として送り出される人たちを押し込める建物がある。満潮になると首のところまで水がくる。何日も行い、生き残った人間をブラジルに送った。今も、セネガルのゴレ島に残っている。ナチスによる三〇〇万人ユダヤ人虐殺も色あせるほどだ。結果「メソアメリカ」（中米）と「アンデス」（南米）文明をも破壊した。

スペイン、ポルトガル人たちは自然破壊と先住民の殺戮を繰り返し、資源を略奪し、土地の収奪を正当化し栄えていった。〝正当な理由〟は「神のおぼしめしに従って」。先住民を植民地の発展を妨げる〝野蛮人〟と捉え、野獣のようにすべて殺されるべきものと蛮行の限りを尽くす。効率のいい殺戮が成功する度、彼らは神のご加護を見出し、頑迷なる先住民〝異教徒〟を殺戮することで、神への奉仕をなし得た。

何たる独善。何たる欺瞞。

以下の一四九二年十月二日付の「コロンブスの航海日誌」（『アメリカ・インディアン悲史』藤永茂／朝日新聞社）に、傲慢なる「進歩と文明観」が読み取れる。（筆者抜粋文）

……私は、彼らが、力ずくでなく、むしろ愛によって、我等の聖なる信仰へとみちびき、帰依させるべき人々であると考えたから、ガラス玉のネックレスとか、大して値打ちのないようなものを与えた。彼等は喜び、泳いで我々の船にやってきて、オウムや丸くまいた木綿の糸の玉や槍やその他たくさんものをもってきてくれた。

彼らすべて、生まれてきたままの裸で、女もそうであった。私が見たのは三十歳以上と見える人は一人もいなかった。立派なからだと、大変よい顔立ちをしていた。

アジアから二万〜一万五〇〇〇年ほど前に大陸との間に踏み入れる石のような点在する島々を渡り、氷橋のベーリング海峡を越えてアジアから新大陸にやってきた「先モンゴロイド」は紀元前八〇〇〇年ほど前に近づきやすい北西の門からアメリカに浸透し始めた。彼らは太平洋岸になだれ込み、大陸を横断して大西洋に達し、肥沃なメキシコの熱帯地に入り、パナマを通り抜けて、ゆっくり南米に広まっていった。

中米・メキシコ及びその周辺で早くから繁栄し、人口も増えた。南米ペルーのようなメキシコと似た地域は急速に拡大していった。北米にはゆっくり移動していった。

中南米先住民の知恵や心は、スペイン、ポルトガルに支配・従属された。また、支配層との人種交配による優生主義の犠牲ともなった。熱帯森林保護団体代表・南研子氏によると、一昔前までブラジルのある地域では、先住民女性が初潮を迎えると、当局は健康診断と称し、病院での検査を強制し、本人に無断で子宮を摘出する、と報告する。「メソティーソ」末裔は、「ラテンアメリカ」と括られ純粋民族は闇に葬られてしまった。

【メソティーソ】種族が異なる両親から生まれた混血児。とくに白人の父とインディオの母、またはその逆の混血児をいう。(『コンサイス外来語辞典』三省堂)

難を逃れて北米に移動した屈強な先住民は、中南米に移動せず留まっていたケネウィック人やクロヴィス人(先頭石器から一万一五〇〇～一万一〇〇〇年前)など「先モンゴロイド」の子孫と邂逅した。原始共同体の段階にあった彼らと知恵を出し合い、風土に則した集住空間をつくっていった。中南米から北米に移動した彼らこそ縄文人の子孫と推測するに難くない。

【ケネウィック人】一九九六年、米国ワシントン川のコロラド州の土手で完全なる一体の人骨が発見された。放射性炭素十四測定法によると、九三〇〇～九六〇〇年前のものだった。男性で、骨盤には槍先型ポイント(尖頭器)が撃ち込まれていた。確かな特徴はコーカソイド(白人)ではなかったことだ。

東洋の胡椒貿易を独占したポルトガル。新大陸で大量の金銀を獲得したスペインは一挙にヨーロッパ経済の花形となった。しかし、本国における生産力基盤の脆弱さのため、その覇権は永続せず、世界経済の中核となったのは、イギリス、フランスなどの北西ヨーロッパで、スペイン、ポルトガルは半周辺国に転落していった。

北米古代文化

コロンブスが「新大陸」に到着したとき、北米には五〇〇〜一〇〇〇万人の先住民が暮らしていた。広大な大陸は様々な気候、風土、居住地の違いがある。東方面は鬱蒼たる大森林。西は広大な大草原、野牛の群れや砂漠、そしてロッキー山脈が広がる。種々の民族的特徴の民族が形成された。犬は飼っていたが、家畜は育てず、籠を編んだり、筵をつくった。石剣やモリ、弓を持ち、キリ擦で火をおこし、呪術や精霊、霊魂の不滅を信じる。縄文人と同様の狩猟採集民だ。文化が「新石器時代」のままで、無文字文化であり、メディスンマンといった霊媒者と、リーダーがいる程度で階級関係はなかった。北米には五〇〇を越える部族がいて、言葉や習慣、生活も異なっている。

南東部の先住民、チェロキー族、クリーク族は農耕定住型。南西部のホピー族やズニー族は、農耕牧畜を生業に、独自の住居アドーベ（日干し煉瓦）という階段状の家に定住。東部森林地帯のイロコイ族は、ニレなどの樹皮を葺いた長さ一〇〇メートル超えのロングハウス（集合住宅）で半農半猟の生活をしていた。ラコタ族（スー族で知られる）はカリフォルニアの平原先住民。バッファロー狩りに代表される狩猟採集民である。バッファローの皮をなめしてつくった円錐形テント（ティピー）を張り、移動しながら狩猟採集で生活していた。十九世紀後半まで、合衆国軍隊に抵抗した集団だ。そのシンボルが、丸に十字のマーク「メディスンホィール」だ。（図3）

キャンプの形式も輪になり、四方向を示す。「東」、（黄色）太陽の出る、知恵と理解の源。鹿のオヤテの住処。「西」、（黒）浄化の水の源。雨・風・雷の住処、馬のオヤテの住処。「南」、（白）生命力と運命の源。飛ぶものたちの住処。「北」、（赤）健康と忍耐の源。バッファローの住処。オヤテはラコタ語で民族を表し、生き物たちは人間と同列と考える。

身体の障碍や知能・精神障碍者は、ラコタの場合、常人がもたない何かを有しており、ワカン・タンカ（偉大な精霊）に近い存在として遇される。

北米は、イギリス、フランスの植民地だったことが不幸中の幸いで、アメリカの地図上

図3、メディスンホィール
阿部珠理著『アメリカ先住民の精神世界』日本放送出版協会より

には征服された先住民部族の名前が残され、歴史に刻まれていていく。マサチューセッツ、コネチカット、デラウェア、イリノイ、ウィスコンシン、ミネソタ、ダコタ、ミズーリ、オクラホマ、といった州名も部族名に由来し先祖の世界観もまた残されている。新大陸先住民の知恵は「北米インディアン」に受け継がれ、箴言集や関連著書から学ぶことができる。

「奴隷商」で、漁夫の利を得たオランダは北米に進出。一六一四年以降、ハドソン川流域にニューネーデルランド植民地を建設した。しかし、イギリスに負けて、イギリス領となり、「ニューヨーク」と改名された。

フランスの本格的な植民地づくりは十七世紀初めで、セントローレンス川沿いにいくつもの毛皮取引コロニーを設置した。更に、五大湖地方に入り、そこからミシシッピー川を下り、メキシコ湾に達し、その流域をルイ十四世にちなみ「ルイジアナ」（※）と名付けた。

（※）ジャズ発祥の地。フランス人は黒人奴隷に日曜日を休日にした。黒人たちは祖国を偲びアフリカ民族歌舞や黒人霊歌で憂さを晴らした。やがて西洋音階を取り入れジャズが誕生。

縄文時代以上に、北米の古代文化を知る人は少ない。中南米のマヤやインカを扱う専門家はわずかながら存在するが北米文化を知るすべは、以下の紹介文献のような〝トンデモ本〟というペーパーバックで、学術関係とは対極にある書物が唯一の手助けになった。

◎北アメリカ最古「アデナ文化」

紀元前一〇〇〇〜三〇〇〇年。オハイオ、ケンタッキー、インディアナ、ペンシルバニア、ウエストバージニアというミシシッピー川流域に独自の文化を築く。十万基を下らないマウンド（墳丘墓）が一八三八年に確認される。そのマウンドの一つ、ウエストバージニアの「グレイブ・クリークマウンド」から遺骨の副装品に銅の腕輪、貝殻の首飾り、古代カルタゴ文字が刻まれた石板が発見される。メキシコ湾岸の貝殻や鮫の歯、スペリオル湖周辺の銅製品、ロッキー山脈の黒曜石や雲母など活用。大西洋を挟み西アジアに対面する。ほぼ同時期、中南米「オルメカ文明」が栄える。アデナ人とオルメカ人は遭遇したと考えられるが、遺物に共通点がなく、交流はみられない。（『超古代史通になる本』仁科剛平／オーエス出版社）

◎北アメリカ「岩窟宮殿」

アメリカ、コロラド州南西部、断崖を刳りぬいてつくられた集落遺跡群。ネイティブアメリカン、アナサジ族が住み始めたのは紀元一世紀。九世紀になると、日干し煉瓦の壁で区分された宗教儀式の施設や集落を台地上に築く。十二世紀、外敵の襲来に備えて本格的「岩窟住宅」クリフパレスをつくる。約二〇〇室を確認。高いところで四階建。アナサジ族が築いた文化は「プエプロ文化」と呼ばれる。十四世紀突然集落放棄。（図４）（『世界の超古代文明ＦＩＬＥ』古代文明研究会編／学習研究社）

図4、クリフパレス

◎「チャコキャニオン」

西暦八〇〇～一一〇〇年にかけてアリゾナとニューメキシコ、ユタ、コロラドにまたがる一大古代文化の中心地で、宗教都市の遺跡群がある。これは「メサ・ブェルデ」と同じアナサジ族が築いた。城壁に囲まれた大規模な集落が十二。小規模を含め四〇〇以上あり、灌漑設備や地下食糧貯蔵庫も整えられる住居の多くは二～五階建てで、巨八〇〇もの部屋「プエプロポニー」と呼ばれる巨大集合住宅もある。周辺に宗教施設や街道が多数存在することから宗教儀式でやってきた旅人たちの宿泊施設と考えられる。（『世界の超古代文明ＦＩＬＥ』古代文明研究会編／学習研究社）

北米先住民は自分たち固有の語源をもち、信仰形態をもち、そして、共同の暮らし方をし、歴史のある時点にあっては大きな岩窟までつくっている。その意味で、彼らは非常に高い文化をもっていた。

文化はその民族の生きる固有の形である。だからそれぞれの文明に応じたり、あるいは時代に合った形に変容することが可能だ。「文化は変容しても滅びない」

南太平洋を渡った縄文人

縄文人末裔は、中南米で奴隷にされ殺戮された。何ゆえ、縄文人たちは南太平洋を渡ったのか。何が駆り立てたのだろうか。アフリカから移動し、極東・日本列島に辿り着いた屈強な先住民「縄文人」は前期・中期の爛熟期、日本各地の集落遺跡から「漁労・航海民族」であったことも証明された。（図5）

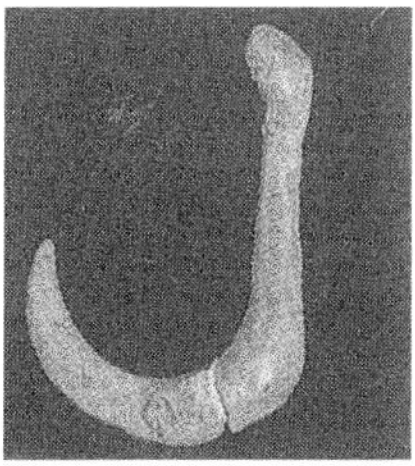

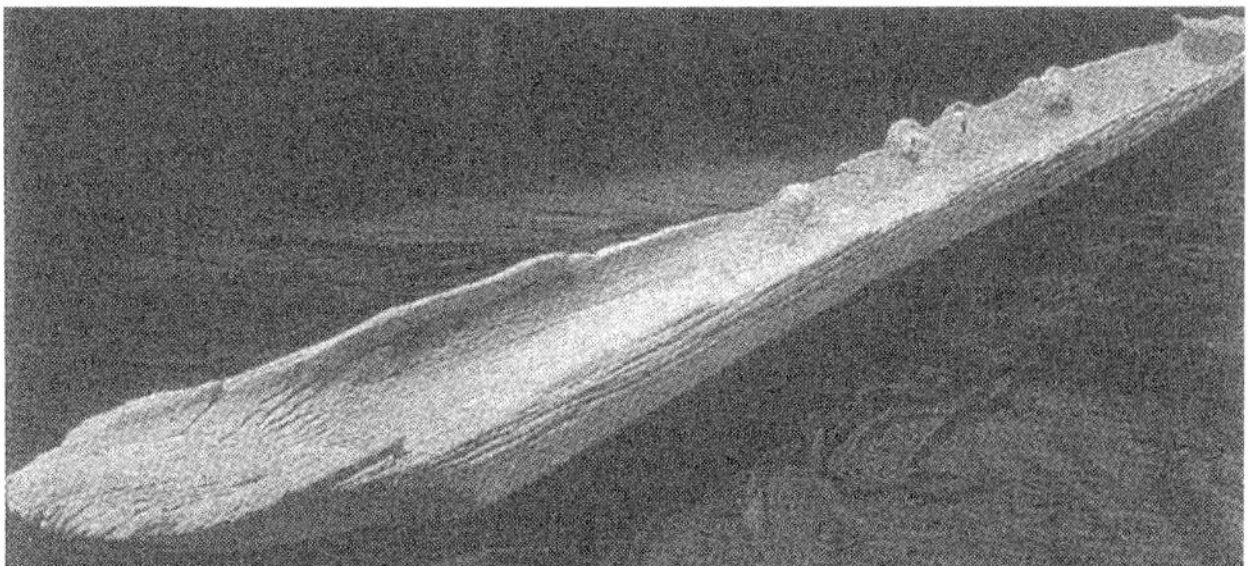

図5、釣針と丸木船（カヌー）
千葉市立加曽利貝塚博物館提供

ヨーロッパ人で初めてカヌーを見たのはコロンブスだ。船乗りらしく的確な記録を残している。

彼らはどの島でも、櫂のついたフスタ舟のようなカヌー（原文はすべてカノア）を沢山もっていますが、大きいものは十八の長腰掛がついたフスタ舟位であります。これは一つの木で作るので、幅はそれほど広くありませんが、その速さといえば信じられないほどで、漕ぎくらべをすればフスタ舟もかないません。そして彼らは数知れない島々の間をこのカヌーで渡り通い、その品物を取引するのであります。私の見たあるカヌーなどは七十人から八十人もの男達が、それぞれ櫂をもって漕いでおりました。

（大航海時代叢書1『航海の記録』所収　林屋永吉訳『クリストバール・コロンブスの四回の航海』岩波書店）

「先モンゴロイド」は元来、航海技術もなく、水泳も不得手であった。コロンブスが出会ったのは海洋民族「ラピタ人」の可能性大だ。最初に南太平洋に姿を現したのは三六〇〇年ほど前だ。ニューギニアの北東ビスマルク諸島を中心とする島々に拡散、メラネシアや西ポリネシア、東の果てサモア諸島まで四〇〇〇キロを数百年かけて移動……。

交易目的の貝や石製装飾品、漁撈具、農具、工具、犬・豚・ニワトリなどの家畜、東南アジア起源の食用栽培農作物、クロイモ・ヤムイモ・バナナ・ココヤシなど多岐にわたり生活文化をメラネシアに持ち込んだ。

一九五二年。ニュージーランドの北側ニューカレドニア地域で大量の土器が出土した。地名から「ラピタ土器」と命名。皿・壺・甕・鉢など大きさも様々で約三割は手の込んだ装飾模様が施されていた。美術的にも高水準の古代工芸遺物とされ、完成度の高さからネシア以外の太平洋文化圏から移住してきた民族と推定される。同時期、日本列島は縄文後期～晩期にあたり、「ラピタ土器」と細部まで相似の「亀ヶ岡式土器」がつくられていた。

縄文人の太平洋進出によって、オーストラリアやニュージーランドの先住民・オーストライドとの間に混血が進み、その子孫がラピタ人と呼ばれるが、京都大学霊長類研究所片山一道教授（骨考古学）は「古代ポリネシア人」＝「縄文人」と、確証する。頭蓋骨の相似やDNA多型、ミトコンドリア九塩基欠損した「アジア人特有型」遺伝子Gm型の標識遺伝子、HLA型などから両者同人種の可能性を示唆している。

一九八〇年。ブラジルのアメリカ大陸研究所が「鈎虫」に関する研究を発表した。約三五〇〇〇年前の、中南米先住民の「糞化石」と「ミイラの腸内」から鈎虫が検出された。

現在、中南米各地に鈎虫は広く分布しているが、これはコロンブス来訪以降、西洋やアフリカとの人種交流が原因だ。ちなみに我が国でも戦後「検便」や「虫下し薬」などで鈎虫はポピュラーな寄生虫だった。食物から口に入り、排泄物の肥料から鈎虫が葉に付着し、循環する。寿命は二年だが、摂氏五度以下で死滅する。氷河期のベーリング海峡を越え、幾世代もかけてアメリカ大陸にやってきたモンゴロイドの末裔である中南米先住民には鈎虫はいないはずである。酷寒の地で世代間連鎖は絶たれていたと考えられるからだ。三五〇〇〇年前に二年以内に海を渡り中南米に到着した寄生虫保持者がいたことになる。

「日本人を祖先と信じている」と今日でも語り継がれている、パプアニューギニアに属するトロブリアンド諸島・キリウィナ島の大首長。呪術を司り、天候まで変えられる。彼の前を通る人は、身体を屈し尊敬の念を顕す。大首長は「はるか遠い昔、日本から先祖がやってきた」と言う。

ネシア海域住民と縄文人の共通項は「入れ墨」の風習だ。「土偶」に施された文様から

図6、入れ墨か文様か
小川忠博著『縄文美術館』平凡社より

も、それを知ることはできる。（図６）

縄文遺跡からも、獣の牙や骨でつくった「入れ墨」道具も出土している。沖縄、南西諸島、アイヌ民族では入れ墨の習慣は明治時代まで途切れなかった。女性は嫁入り前や出産の証拠で、男性は魔除けや勇気、忍耐力の証しで、今日も、ポリネシアやメラネシアでも風習があり、身体に刻まれた面積が社会的地位を表わす。

縄文人は土器をつくる技術をもち、食糧を保存し、栗の栽培もした。アワビやハマグリを採って、干し、多地域に運び、交易品とした。黒曜石の加工。お守りの勾玉づくりの翡翠や耳飾りやネックレス用の琥珀の加工。沿岸漁や外洋でマグロなど大型漁労もしていた。三内丸山では十六メートル超えの六本柱神殿もつくられ、海洋・出雲族に「出雲大社」を伝承したと考えられる。六〇〇〇年前の縄文海進や縄文晩期の海退期といった気象変動、潮流の変化を経験し、日本列島を取り巻く環境のなかで、少しずつ航海技術を発達させ、近海では闊達に交易を行っていた。

特に、関東、東北、北陸は気温が温暖になった海進期の約一〇〇〇年間、五〇〇〇年前までは河口から山奥まで川が切り込んでいて、高台はいくつもの島状態で、海に囲まれていた。台地にある遺跡から当時の船着き場跡も各地で発見されている。

例えば鹿児島県加世田市一二〇〇〇年前の丸ノミ形石斧（造船用）、日本海側の京都府舞鶴市で六〇〇〇年前の丸木船、太平洋側千葉県では四〇〇〇年前の丸木船、埼玉県で三〇〇〇年前の双胴船などが出土している。

日本脱出事情

西日本は平野部が少なく、海進期は海岸線からいきなり山岳といった地形で、人口は少なく、東高西低だった。四三〇〇～三三〇〇年前頃の海退期になると、東日本海岸線は沖へと後退。陸化したばかりの平坦部は塩害で不毛の土地となり、沼地や湿地帯が広がる。気温の低下が拍車をかけ食量事情が悪化した。

海抜は今日と同程度に除々に下がっていく。都市開発による埋め立て以前の江戸～明治時代とほぼ同様の地形で、河口から山奥に一〇〇メートル程度、船が出入りしていた。

この一〇〇〇年間で、東日本も縄文人口が急減。全国平均六十一％に落ち込む。七三〇〇年前の、薩摩半島・鬼界カルデラ噴火により九州壊滅、西日本も大打撃をうける。五五〇〇～三〇〇〇年前九州・南西諸島、五五〇〇年前と四五〇〇年前、南九州・指宿地方、池田湖と開聞岳で巨大噴火。連動して、桜島、雲仙、阿蘇などの火山活動が激化する。三〇〇〇年前には九州南海域・諏訪瀬火山噴火を繰り返す。三八〇〇年前、黒潮の流れが大幅に変わるような地殻変動による大津波、降灰、火砕流により居住地域が壊滅。要するに住む所がなくなってきたのだ。この時期は三・ネシア沿岸や南米沿岸での〝縄文人〟の活動と見事にオーバーラップする。（図７）

縄文文化は中期頃七〇〇〇～五〇〇〇年前が爛熟期で、日本全国の遺跡から出土した植物炭化化石から世界各地の多種多様な植生が発見され、外洋航海交易の足跡となる。

	早期	前期	中期	後期	晩期	弥生	土師
東北	2000 (0.03)	19200 (0.29)	46700 (0.70)	43800 (0.65)	39500 (0.59)	33400 (0.50)	288600 (4.31)
関東	9700 (0.30)	42800 (1.34)	95400 (2.98)	51600 (1.61)	7700 (0.24)	99000 (3.09)	943300 (29.48)
北陸	400 (0.02)	4200 (0.17)	24600 (0.98)	15700 (0.63)	5100 (0.20)	20700 (0.83)	491800 (19.67)
中部	3000 (0.10)	25300 (0.84)	71900 (2.40)	22000 (0.73)	6000 (0.20)	84200 (2.81)	289700 (9.66)
東海	2200 (0.16)	5000 (0.36)	13200 (0.94)	7600 (0.54)	6600 (0.47)	55300 (3.95)	298700 (21.34)
近畿	300 (0.01)	1700 (0.05)	2800 (0.09)	4400 (0.14)	2100 (0.07)	108300 (3.38)	1217300 (38.04)
中国	400 (0.01)	1300 (0.04)	1200 (0.04)	2400 (0.07)	2000 (0.06)	58800 (1.84)	839400 (26.23)
四国	200 (0.01)	400 (0.02)	200 (0.01)	2700 (0.14)	500 (0.03)	30100 (1.58)	320600 (16.87)
九州	1900 (0.05)	5600 (0.13)	5300 (0.13)	10100 (0.24)	6300 (0.15)	105100 (2.50)	710400 (16.91)
全国	20100 (0.07)	105500 (0.36)	261300 (0.89)	160300 (0.55)	75800 (0.26)	594900 (2.02)	5399800 (18.37)

注　(　)内は1平方キロあたりの人口密度

図7、縄文時代の人口と人口密度
小山修三著『縄文時代』中央公論社より

アフリカ原産の瓢箪・稗・胡麻、中央アジア原産の蕎麦、インドシナ半島のこんにゃく、東南アジアから里芋、西アジアの大麦、インド産のリョクトウ（緑豆）・紫蘇・エゴマ・ごぼう・瓜・アブラナ・麻など。栽培の可能性があるものとして、西アフリカ、ナイジェリアやガーナ原産の瓢箪の「種子」出土。インド原産のリョクトウの「種子」なども大量に発見されている。

勾玉他ハレの日に使用する硬玉の「翡翠（ヒスイ）」の特産地は、日本海側の新潟県、糸魚川産・青海町産のもので、八丈島・倉輪遺跡。青森県・三内丸山遺跡、北海道南部、東北地方北部、北九州、沖縄の遺跡で出土しており交易の広さがわかる。首飾りやペンダント、イヤリングの原石「コハク（琥珀）」も同様の各地で出土されるが、原産地は岩手県・久慈市、千葉県・銚子市、北海道・厚田村に限られる。

矢ジリやナイフとして生活必需品となるガラス質の「黒曜石」の産地は、長野県八ヶ岳周辺・和田峠、栃木県・高原山、伊豆諸島・恩馳島、山陰・隠岐島、北海道北・十勝・白滝。青森県の集落では「北海道産」関東地方は「長野」「栃木県産」が多い。

神津島産「黒曜石」は三宅島で八〇〇〇年前のものが出土。

八丈島で六〇〇〇年前、能登半島で四五〇〇年前のものが出土している。後期末～晩

図8、神津島、黒曜石の帯状の露出が見える

期三〇〇〇年前になると、伊豆の「河津」で大量の「神津島産」が出土。各地への「荷揚げ港」だったのだろうか。（図８）

東北地方から大移動してきた大量の土器が、伊豆半島や伊豆諸島から出土。縄文後期、西日本の土器と東日本の土器が大集合する。神津島から、東海西部～関西の「平武土器」が、近畿、瀬戸内海地方から、四国、九州東岸南下、南西諸島の土器に影響を与えた「福田Ｋ式土器」が大島で確認されている。後期末、新島の渡浮根遺跡から奈良県発見と同型の「宮滝式土器」が出土。伊豆半島東岸・伊東市「井戸川遺跡」で関西地方の「元住吉山式土器」、東北・福島「新地式土器」発見。青森県「亀ヶ岡式土器」が伊豆諸島・新島、三宅島、小田原、秦野、駿河湾沿岸、相模湾沿岸で発見。更に、鹿角製の離鈷、返し

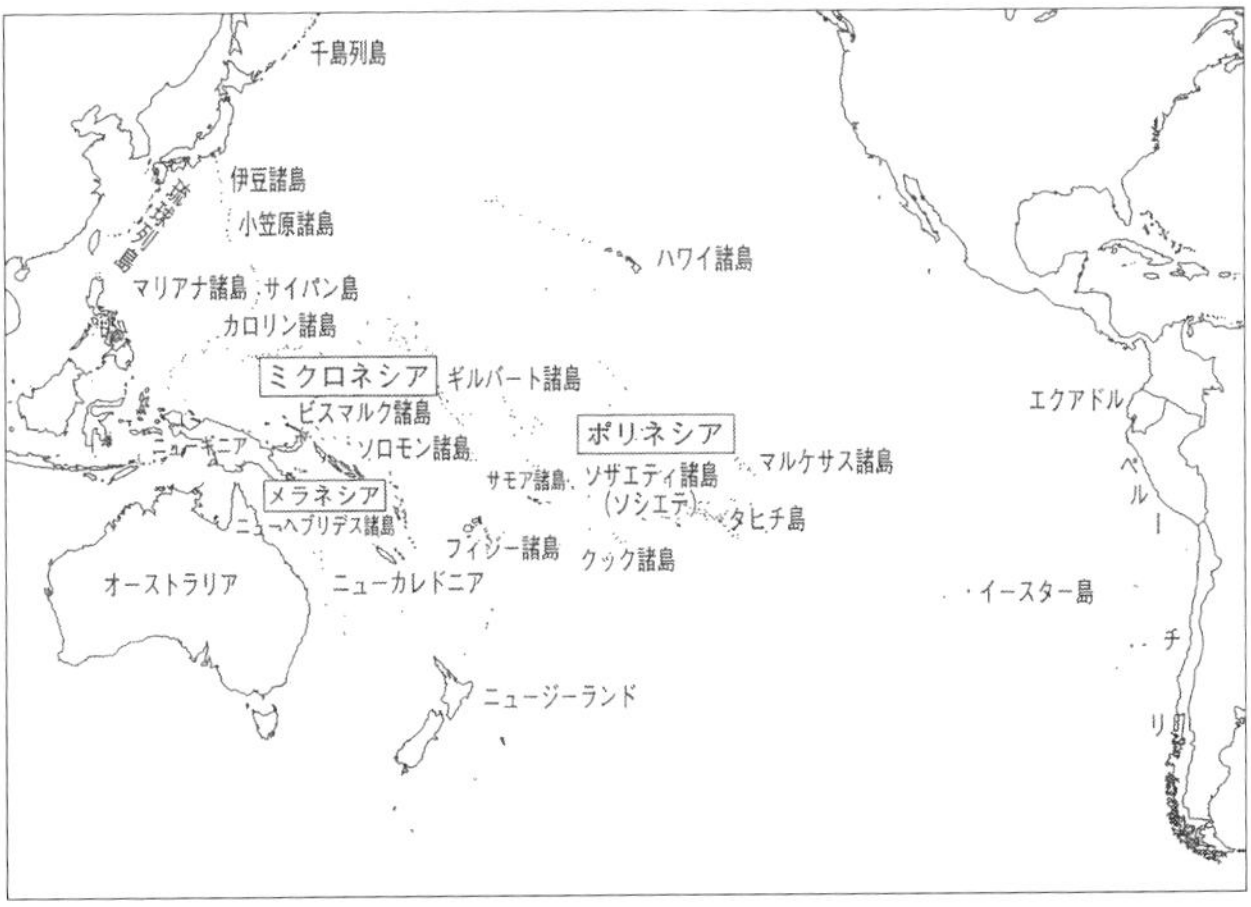

図9、太平洋地図　前田良一著『縄文人はるかなる旅の謎』毎日新聞社より

の付いた釣り針の出土からも海を越え移動してきた「漁労民」を物語る。内陸部から海岸地域に増える。

東北や関西から、伊豆半島、諸島に全国各地から移動してきた彼らはその後姿をくらまし、定住しなかった。

伊豆半島に集結した縄文人たちは、ある日を境に南太平洋を目指し大航海に出たのだ。

伊豆諸島→小笠原→マリアナ諸島へと伝わり航海。太平洋の飛び石のように連なっている島々を渡り、サイパンに辿り着いたら、三ネシアの島々が点在している。（図9）

動力もコンパスもない、北斗七星頼りの伝統航海術で、荒波を越える。縄文人は太平洋を越えて、ミクロネシア→メラネシア

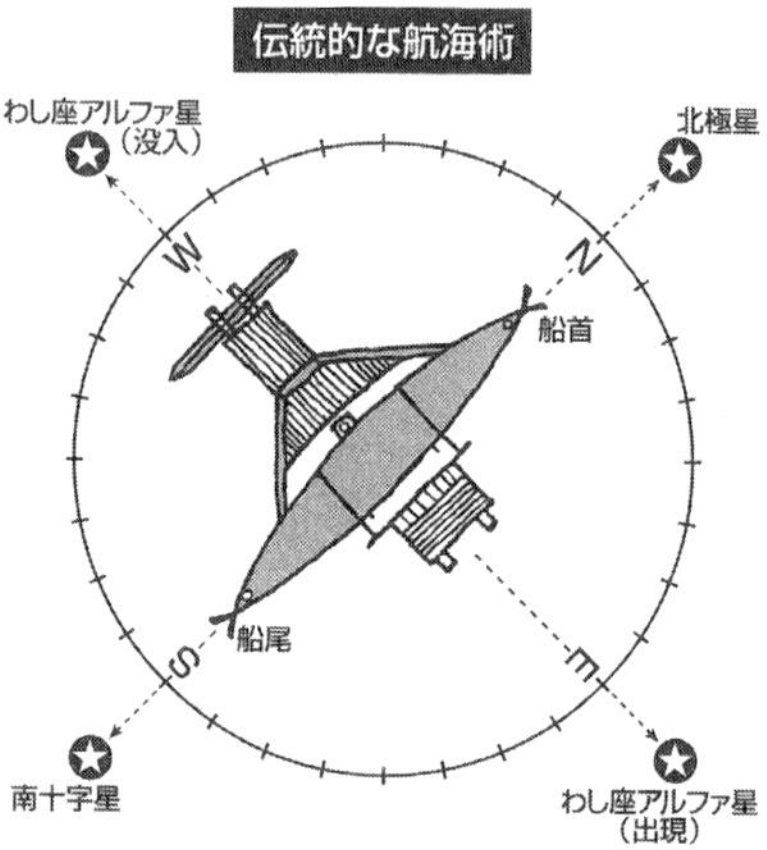

図10、伝統的な航海図　門田 修著『南の島へいこうよ』筑摩書房社より

↓ポリネシアへと進出、南米大陸へと向かった。（図10）

古代航海研究の茂在寅男氏は、実験航海の結果、丸木船は波に揺られても、沈没することもなく、元に戻せる利点があるという。

最も危険なのは風で船が陸地に叩きつけられる事。沿岸を航海するより、障害物のない外洋航行の方が安全。

茂在氏は、復元された古代船で南米・沖縄間、ヤップ島と小笠原間の航海に成功している。

海流には必ず正反対の向きに流れる「反流」がある。赤道反流にうまく乗っていけば、日本の南から東方面に進むことも不可能でない。強力な海流同士の中間地域、すなわち陸地の沿岸や島の近くでは、しばしばメインの強力な潮流とは逆方向の流れが生じる。反流についての知識があれば、これを海の「乗換駅」として利用できる。（茂在寅男）

縄文トピックス　――アメリカ大陸一番乗りは縄文人――

◎一九九六年。八月十四日付の各紙報道。
「バヌアツ共和国のエファテ島で五五〇〇年前の縄文土器が発見された」

日本列島から赤道をへだて約六〇〇〇キロ、フィジーやニューカレドニアの東側約二〇〇〇キロに位置するエファテ島のヤムイモ畑で、フランスの考古学者ジョゼ・ガランジェが発見した、論文の図版（写真）に篠遠喜彦氏（太平洋考古学）が縄文土器と直感し、調査依頼。東北大学、芹沢長介名誉教授（考古学）は青森県産の三内丸山などに多い「円筒下層式土器」と鑑定。アメリカ、アリゾナ大学名誉教授で、太平洋の土器分析の権威ウイリアム・ディキソン博士（地質学）に成分分析を依頼した結果、バヌアツには存在しない鉱物添加物を含み、青森県出土の典型的な「円筒下層式土器」の鉱物添加物と、組織、量とも一致の判定。年代順に幅があることから何回も入島している可能性が証明された。(図11)

◎南米エクアドルのバルディビアで多数の縄文土器出土。六〇〇〇年前のものだ。発屈したのは、米国・スミソニアン博物館の考古学者クリフォード・エバンス、ベティ・メガーズ夫妻とエクアドルの考古学者エミリア・エストラーダの三人。

◎国立遺伝子研究所・宝来聡教授は、南米チリ、チロエ島で原住民のDNAを分析。日本人に極めて近いと発表。

◎二〇〇一年夏。アメリカ全土のビルの壁面に電光ニュース流れる。八月一日付読売新聞ワシントン支局発。

「アメリカ大陸一番乗りは縄文人」

米国・ミシガン大学教授、C・ローリングブレイスを中心とする、米・中国・モンゴ

讀賣新聞
THE YOMIURI SHIMBUN
EVENING EDITION（日刊）第43207号
8月14日 水曜日
1996年（平成8年）
発行所 読売新聞社
東京都千代田区大手町1-7-1
郵便番号100-55
電話(03)3242-1111

南太平洋に縄文土器

南太平洋の島国バヌアツ共和国から出土した縄文を持つ土器片を調べていたハワイ・ビショップ博物館の篠遠喜彦博士（太平洋考古学）ら日米仏の考古学者ら六人はこのほど、これが約五千年前の日本の縄文土器であると断定した。なぜ、日本から約六千キロ離れたバヌアツで出たのかは謎だが、縄文世界に新視点を与える発見として注目されそうだ。博士らは同国で開催中の西太平洋考古学会で五日、この研究結果を発表した。

（バヌアツ共和国・ポートビラで、坂田誠一郎）

文様・技法一致、成分も

5千年、6千キロのナゾ

エファテ島で採取された土器片。日本の円筒下層C式に酷似する

この縄文土器片は、六〇年代中ごろ、フランスの考古学者ジョゼ・ガランジェ博士（現パリ大学考古学名誉教授）が、バヌアツのエファテ島メレ平野のヤムイモ畑で、同島特有の土器片とともに地表から採集したもの。同博士は七二年、論文で縄文土器とは知らずにこの土器片についても言及したが、論文の掲載写真を見た篠遠博士が、日本の縄文土器との文様の酷似に驚き、調査が始まった。

土器片は、長さ三―九ｾﾝ程度のもの計十四点。うち三点を芹沢長介・東北大名誉教授（考古学）に見せたところ、独特の羽状縄文などから、青森・三内丸山遺跡など東北地方に多い縄文前期円筒下層c、d式土器と同様の縄文を持った土器であることが判明した。

九三年から行われている太平洋の土器分析の権威、ウィリアム・ディキンソン米アリゾナ大学名誉教授（地質学）による同土器片の成分分析では、バヌアツに存在しない鉱物添加物を含み、しかも青森県出土の典型的な円筒下層c、d式土器の鉱物添加物と組成、量とも一致することがわかった。

続いて、最近、英オックスフォード大学などの熱ルミネッセンス法による年代測定で約五千年前のものであることが判明したため、研究チームは文様、製造技法、粘土成分、年代などを総合的に判断、日本で作られた縄文土器（複数）が、何らかの原因でバヌアツに運ばれたものと結論づけた。

漂流の舟に乗って？

篠遠博士らは、この縄文土器が近年、①土器収集家が日本から持ち込んだ②日本の土砂を持ち込んだ際に混入していた――可能性なども十分検討したが、まず、「あり得ない」としている。

逆に、西太平洋地域では、パプアニューギニアで出土した古い土器に日本の縄文早期の土器の影響が見られる、との関連学説があることを支援材料として指摘。出席した考古学者から、フィジーでも縄文土器特有の文様を持つものが出土しているとの情報が寄せられた。

博士は、現時点では、「偶然に到達した可能性」が強いとし、「縄文土器を積んでいた当時の舟が何らかの原因で日本からバヌアツへ漂着したケース」を推測する。物証として日本から中部ミクロネシアへ漂流、漂着した過去の多数の例や、一九五一年に長さ八ﾒｰﾄﾙの小舟が中部太平洋マーシャル諸島からバヌアツに到達した例などを挙げた。

最近では、日米の人類学者により、人骨や歯の比較調査から縄文人が南太平洋へ南下、移動した可能性も指摘されており、今回の縄文土器との関連性にも関心を寄せている。

同博士らは、この縄文土器片が狭い範囲での一回の採集で得られた四十点のうちの十四点であることに注目。「地元民がヤムイモを地中深くから掘り出す際に出土したとも考えられ、また深い地層に多数埋まっている可能性もある」として、本格的な現地発掘調査の必要性を指摘している。

▶"縄文土器"が発見されたバヌアツ・エファテ島のメレ平野

図11、エファテ島から縄文土器出土記事
読売新聞1996・8・14夕刊より

ルの共同研究チームは、アメリカ大陸で発見された千数百個の頭蓋骨二十一ヶ所を調べた結果、最初に米大陸を踏んだ人たちの頭蓋骨は東アジア大陸との人たちと共通点は少なく、日本の縄文人、アイヌ民族、ポリネシア人に似ている構造をもつと発表。

縄文の意匠

縄文時代、差別階層のない人たちによる共同生活が、一万年をはるかに超え存続し続けたことは人類史上類を見ない。

縄文時代の生き方、世界観は、土器の形状や文様に表現された。「火炎土器」に見る生命エネルギーの象徴や、以下参照例（図12）のように、（イ）命を繋ぐ大地の恵みを「守護神」と感謝し、芋が土器の口縁から飛び出し、地上に迫り出している様子を描写する「根菜文土器」。（ロ）豊かな実りが大地を埋め尽くし、食采の豊穣を抽象化する。「山形楕円文尖底土器」。（ハ）水平に二枚貝、斜め垂直の平行線文のなかには種子を配置。海・山の幸が盛られる「貝殻状把手付土器」。（ニ）全体を母体に見立て、ヘソの緒のついた子供の出産した様子で、未来への希望を表す。「生誕祝祭文付有孔鍔付土器」。（ホ）土器の把手部分で、蛇は大地の守護神と同時に「雄」を象徴する。蛇の頭は鬼頭を表し、睾玉を配置。交合と生殖を表現する「交合文把手蛇頭把手土器」。

縄文文化は、弥生人渡来を経て大和朝廷に滅ぼされたが、後年、大地に眠る「縄文土器」の出土は歴史隠滅の大誤算だろう。今日でも、縄文人の末裔「アイヌ民族」の語り部により、言葉から語り継がれ、書物から知ることができる。神を「カムイ」といい、巨木も神、家も神で懐に人間は抱かれている。女性も神、火も神、生活に不可欠と、捉える。権威、権力の階層はなく、人望のある人は周囲が認め尊称で呼ばれる。「コタンコロクル」＝集落の統治者。「ヌプルエンチゥ」＝威力のある人。「チランケピト」＝降臨された御人。また、民族の自然との関係を「ユーカラの叙情詩」に伝える。

「文明」は普遍性を求める。故に滅びゆく。農業、牧畜など生活の上に言葉や文字が発達。富の蓄積が始まり、都市や国家が形成され、後世為政者はそれを「文明が興った」とする。

縄文時代に「文明」を冠する研究者に疑問を呈すると同時に、文明観そのものの概念と、価値観を再構築し直すべきだろう。

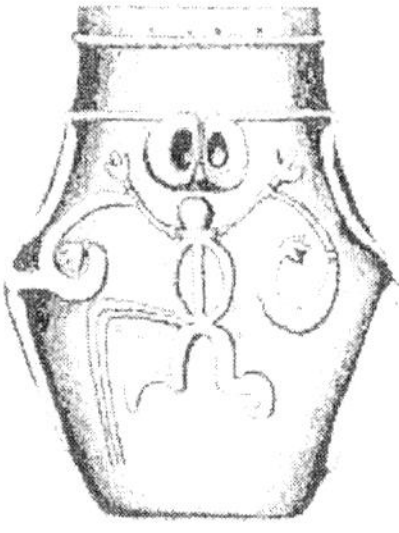

(ニ)「生誕祝祭文付有孔鍔付土器」

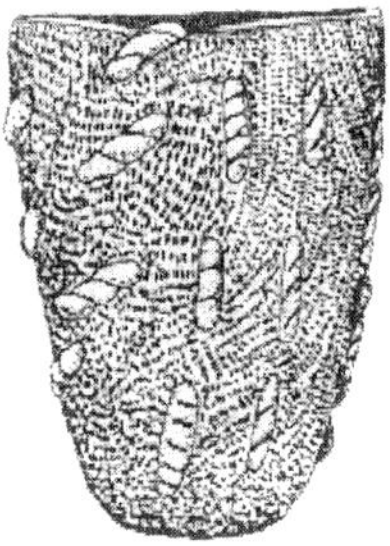

(イ)「根菜文土器」

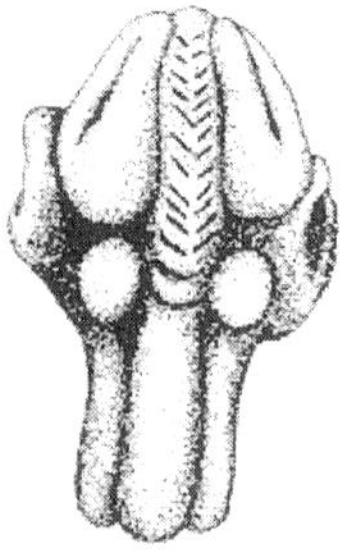

(ホ)「交合文把手蛇頭把手土器」

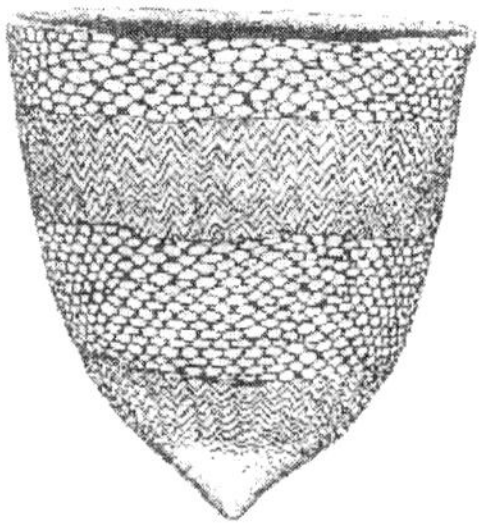

(ロ)「山形楕円文尖底土器」

図12
(イ)「根菜文土器」長野県原村大石遺跡出土
(ロ)「山形楕円文尖底土器」新潟県卯ノ木遺跡出土
(ハ)「貝殻状把手付土器」長野県茅野市米沢遺跡出土
(ニ)「生誕祝祭文付有孔鍔付土器」長野県富士見市藤内遺跡出土
(ホ)「交合文把手蛇頭把手土器」山梨県御所前・井戸尻遺跡出土

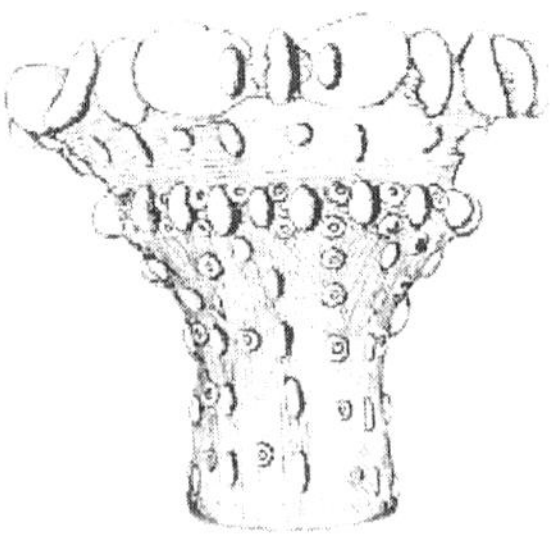

(ハ)「貝殻状把手付土器」

文字がないから野蛮人であるとはいえない。侵略者こそ、外に出ていく「獰猛心」をもっていたのであり、それを支えたのがキリスト教文明だった。

＊＊＊＊＊＊＊＊＊＊＊＊＊＊

十五世紀に入ると、南米に次々とヨーロッパから船団が来襲してきた。予測もできない事態に困惑するも、先住民・縄文人末裔たちは快く歓迎した。

「土地は水や空気と同じことだ」と先住民たちは口を揃えた。土地はそれを必要としているものが、適切に使えばよい、と考え、白人たちの要求を受け入れた。

農耕経験のない白人たちに、トウモロコシやじゃがいも、カボチャなどの栽培法。魚の取り方、魚のアラや海藻を肥料にすることも教えた。

やがて植民地の人口が急増。新大陸の土地に対する貪欲さが限りなく膨れ上がっていき、先住民たちは不安と危惧に襲われた……。

三内丸山村の消えた日

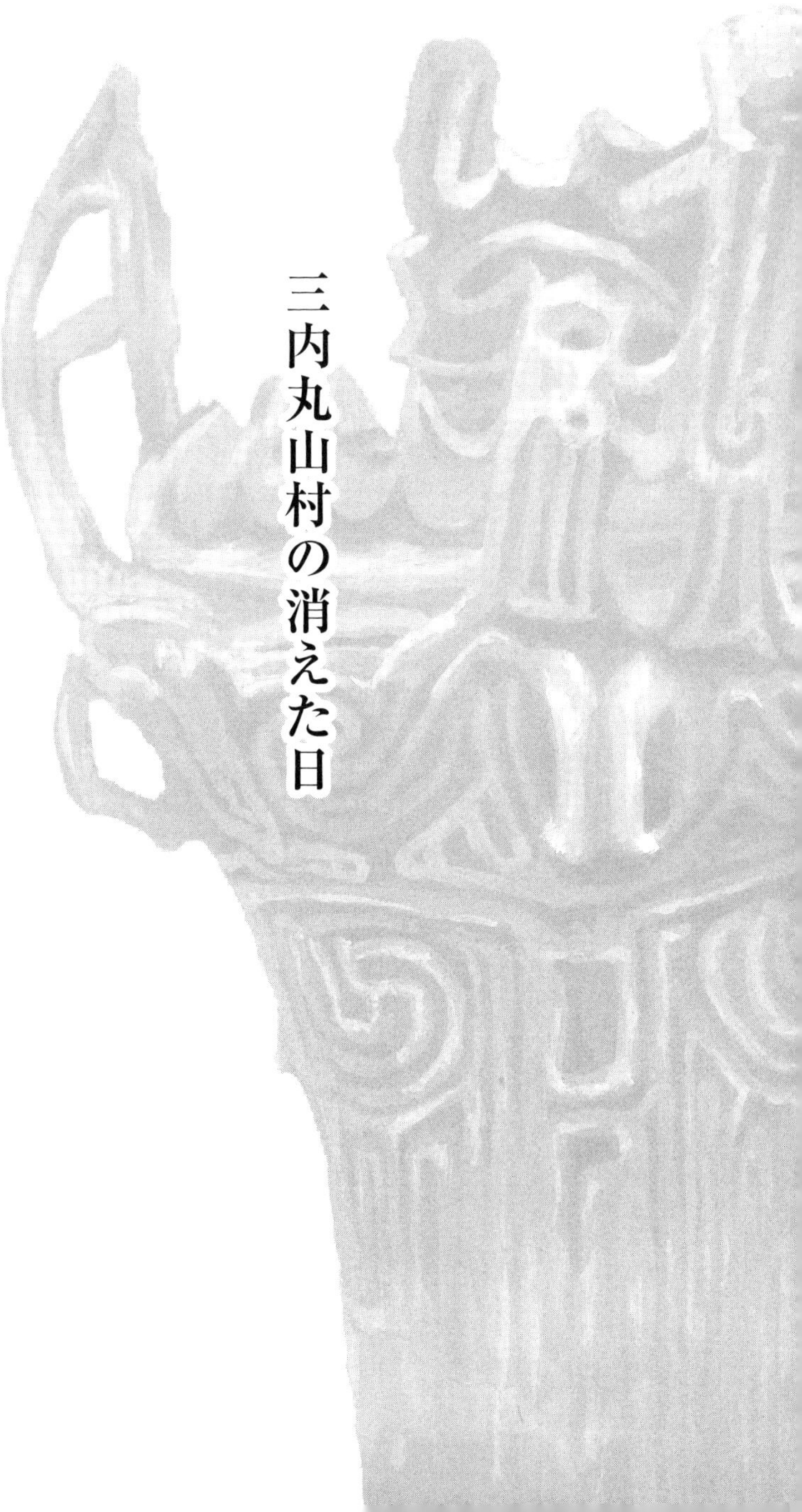

聖地三内丸山

青森県・青森市郊外、三内丸山村は、縄文前期中頃（五五〇〇年前）〜中期末（四〇〇〇年前）の一五〇〇年にわたり繁栄した大集落だ。

全容は三十五ヘクタール（東京ドーム約七つ分）の広大な敷地で、陸奥湾に注ぐ沖館川には船着き場跡も確認され、その台地上に位置する。

新潟・糸魚川産の翡翠、岩手産の琥珀、秋田産のアスファルト（接着剤用）、長野・霧ヶ峰、和田峠産や北海道産の黒曜石を使った品々や道具が出土していることから、三内丸山村を含む円筒土器圏との交易の拠点だった。

山の恵みや海産物は豊富で、魚の骨も五〇種類以上出土し、交易の見返り品として、サケを始め、魚貝類の干しものなどが考えられる。

集落の遺構からは、中央の広場を取り囲むように、竪穴住居（約六畳）五八〇棟。掘立柱建物一〇〇棟。雨天広場か、葬祭場または宿泊施設と考えられる九〇畳敷き大の楕円形大型竪穴住居二棟が南面に向け並ぶ。成人の墓が北面から西面に向かい、中央に参道を挟み二列三五〇メートル一〇〇基余りある。その正面は三内丸山村のシンボル「巨大掘立柱建物」が東に向かい聳え立つ。直径一メートル大の栗の木を六本使用したもので、床面積一・八×三・六メートル、高さ三層四階建てで十六メートル。西隣には小児用の墓、埋め甕が口縁部を上に向け八八〇基埋葬されていた。なかには石一つという甕もあり、一般的縄文集落では、乳呑児や小児の亡骸は住居の入口付近に、逆さ甕で埋葬されることからも、二次埋葬の納骨施設の観があり、特別な集落で、墓苑施設の整備された聖地といってよい景観で、出雲大社の起源という説もある。(図1)

「三内丸山村」が興隆した温暖期は、約六〇〇〇年前から全世界で気温が上昇した「ヒプシサマール」という最適気候時代にあたり、エジプトなどで古代文明が非常に発展した。

日本列島は海面が四~五メートル高くなり、今日より二~三度気温が高く、太平洋側海岸線は現在の陸地に七〇キロほど奥深く入り込み、地質学では「縄文海進」期といわれる。津軽半島では縄文前期の田小屋貝塚から温暖種ハイガイが出土。津軽暖流が下北半島東岸を南下、三陸海岸北部に及んでいた。日本海側の温暖化は対馬海流によって、太平洋岸より早い時期に始まっているが、中期末四〇〇〇年前あたりからは突然寒冷期に入る。太

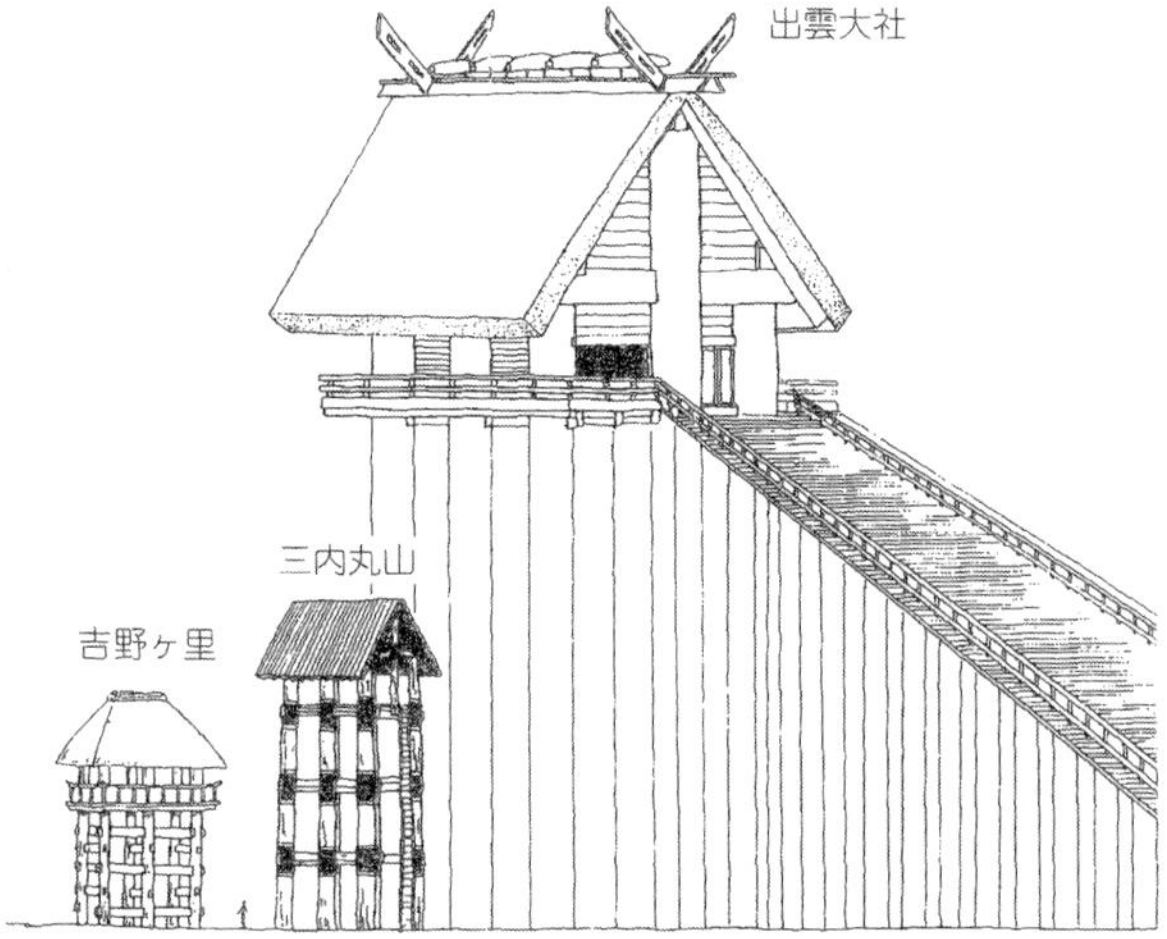

図1、出雲大社、吉野ヶ里、三内丸山の比較
岡田康博・小山修三編『縄文鼎談 三内丸山の世界』山川出版社より

平洋側では、仙台湾、宮城県・里浜貝塚、松島沿岸、千葉県の岩井貝塚、遠部台貝塚などでハイガイが出土し、二七〇〇年前頃まで温暖期が続く。伊豆半島では二五〇〇年前以降寒冷期に入る。晩期約一〇〇〇年間は、全世界が低温に見舞われた寒冷期に入った。

一時代平均、竪穴住居五〇棟、居住者三〇〇～五〇〇人といわれた大集落・三内丸山村が、縄文時代中期末、突如廃村し村人は姿を消し、二〇〇〇～三〇〇年間無人状態に衰微した。

考古学者の分析を要約すると――

①気候の寒冷化により、海、山の収穫の低下

②限度を超えた村人の集住肥大化
③衛生環境の悪化による疫病の蔓延
などが挙げられる。

人類はウイルスで進化した

最大の原因は寒冷化にあったと思われる。特産の栗（出土花粉化石の八割）は寒さに弱く、生産量低下、ヒエやアワも冷害に見舞われ、イノシシなど小動物の減少、更に海岸線の変化による漁獲量の激減だ。

急激な気温低下は、直接的死因となり、子供や老人、体力の消耗している人は肺炎や気管支炎、心臓発作、脳卒中の原因となり、また、飢餓による体力低下は、疫病を蔓延させる。

さて、三内丸山村を襲った疫病だが、縄文人及び、直系末裔にキャリアが多いＡＴＬウイルス（成人性Ｔ細胞白血病ウイルス）というレトロウイルス・ＲＮＡ型遺伝子種の感染による発病のメカニズムを考えてみたい。

発症は四十～六十年後と潜伏期間が長い。ちなみに、弥生人はＡＴＬノン・キャリアである。

一般的に、生物の遺伝子はＤＮＡであるが、レトロウイルス・ＲＮＡは感染した種々生物に潜り込み「逆転写酵素」をもちＤＮＡをコピーする。このコピーが、細胞中の遺伝子に存在し続け、生物の多様性を進化させた。ＲＮＡの働きがないと、人としても生命を継続できない。このレトロウイルス・ＲＮＡ遺伝子は、数百倍の進化速度をもつといわれ、突然変異する確率が高く、ウイルスとしての性格を環境（生体）に即し変えられる。

京都大学霊長類研究所・野沢謙氏によるサルの血清分析によると「ニホンザルのＡＴＬ保有率は極めて高く、猿人類を含めた旧世界サルのみ存在する」と発表した。

栗本慎一郎氏（経済人類学）は著書『パンツを捨てるサル』（光文社）で大胆な推論を展開する。

ＲＮＡは最初、細胞内の寄生病原体として登場。ＲＮＡが現れた初期の細胞はおそらく発病し、死に絶えた。やがて、タンパク質に基礎をおく生命がＲＮＡに基礎をおく生命の侵入に耐えることを学び、寄生生物が〝共生生物〟になった。

と結論付けた。

つまり、初期のレトロウイルス感染者＝縄文人には抗体がなく、宿主である人間は感染直後発症し、生命を落としたというわけだ。

三内丸山村の多くの村人は、急激な寒冷化により、遭難者などにみられる「偶発的低体温症」と呼ばれる状態になったと考えられる。人々はすっかり凍えると、血圧が上昇し、脈拍は速くなり、身体が震え続けるようになる。筋肉を収縮することで、体温を上げようと自律神経が働き、酸素とエネルギーの消費が高まる。温かい血液が生命維持に不可欠な心臓に流れることにより、強く脈打ち、末障血流は滞る。更に体温が下がって、血圧も心拍数も下がり、心臓停止により死亡する。

遺体は体温を失い、硬直し始め、二十四時間後には緑色の斑点が全身に広がる。腸内に生息していた細菌が増殖して分解し始めたことによる。次第に臓器は悪臭を放ち、頭蓋、胸部、骨盤内に崩れ満たす。身体内部に生息していた細菌、ウイルス、カビなど寄生生物の餌食になり、やがて、外から入り込むダニ類やムカデなど多足類、クモ、昆虫、野鼠に侵食されていく。

我が国の歴史時代において最寒冷期の一つ鎌倉時代（一一九二〜一三三三年）は、寒波、暴風雨、飢餓、疫病が相次いでおこった。その異常寒波の世相を活写した文献として、西岡秀雄氏（考古学・人文地理学）が自著でひもといた日蓮遺文を以下転載する。廃村期三内丸山村再考の上でも参照となろう。

一二七八年。（弘安元年十一月二十九日）

今年は正月より日日に雨ふり、ことに七月より大雨ひまなし、その上、今年は子細候、ふゆと申すふゆ、いづれのふゆかさむからざる。なつと申すなつ、いずれのなつかあつからざる。ただ今年は余国はいかんが候つめ、このはきゑは法にすぎてかんじ候。ふるきおきなどもにとひ候ば、八十、九十、一百になる者の物語り候は、すべていにしへ、これほどさむき事候はず。此庵室より四方の山の外、十町、二十町、人かよう事候はねばしり候はず。きんぺん一町のほどは、ゆき一丈、二丈、五尺等なり。このうるう十月三十日、ゆきすこしふりて候しが、やがてきへ候ぬ。この月の十一月たつの時より十四日まで大雪ふりて候しに、両三日へだててすこし雨ふりて、ゆきかたくなる事金剛のごとし、ひるもよるも、さむくつめたく候ふ事、法にすぎて候。酒はこをりて石のごとし、油は金ににたり、釜金は小水あればこをりてわれ、寒いよいよかさなり候へば、きものうすく、食ともしくて、さしいづるものなし、坊ははんさく（半作）にて風雪たまらず、しきものはなし、木はさしいづるものもなければ火もたかず。ふるき垢づき、なんとして候小袖一つなんどきたるものは其身のいろ紅連大紅連のごとし、声ははは、大ばば地獄にことならず。手足かんじてきれさけ、人死ぬことかぎりなし、俗のひげを観れば瓔珞をかけり、僧のはなをみればすずをつらぬきかけて候、かかるふしぎは候はず候。〈池上〉兵衛志殿御返事。

山梨県・身延といえど、文面からも当時の寒波は並のものではなかったと察せられる。その上、板張りの草庵は朽ち枯れた佇まいにあって、雨風が差し込み、火をおこす薪もなく、信者からいただいた唯一の〝暖〟をとる酒も、灯りの油も凍ってしまい。鬚も凍り、鼻水は氷柱になってしまう。周囲を見渡せば人死ぬこと限りなく。まさに身も凍ってしまうような想像を絶する状況だった。

ヨーロッパでは、十三〜十八世紀「小氷河期」(日本の歴史時代同様、寒・暖を繰り返した)と呼ばれた時代で、シルクロードから運ばれてきた「ペスト」が大流行した(三人に一〜二人死亡)。また、人心の荒廃から差別心が露呈、「魔女裁判」の名のもと、人々は安定を図った。(図2)

今日「地球温暖化」危惧の喧伝久しいが、多くの気候学者は、現在、地球は寒冷化の方向に進んでいると主張する。

我々は、今、地質学上、第四紀「完新世」と呼ばれる時代区分に存在する。約二〇〇万年前の「更新世」から、今日までに繰り返された氷河期の中間である。(図3)

約二〜一万八〇〇〇年前のヴュルム極最寒氷期(平均気温マイナス七度、海面低下一四〇メートル)。その時代、北米大陸や、ユーラシア大陸の三〇%は「大陸氷床」といわれ、氷床に覆われていた。「氷河時代」というと、樹木のない、吹きっさらしのヨーロッパの草原で、クロマニヨン人がマンモス狩りをしている光景が浮かぶだろうが、現在でも、南極やグリーンランドは大陸氷床に覆われている(陸地の一〇%)。したがって「氷河時代」の範疇であり、一万数千年前から今日までの温暖期は、寒冷期〜温暖期を繰り返す

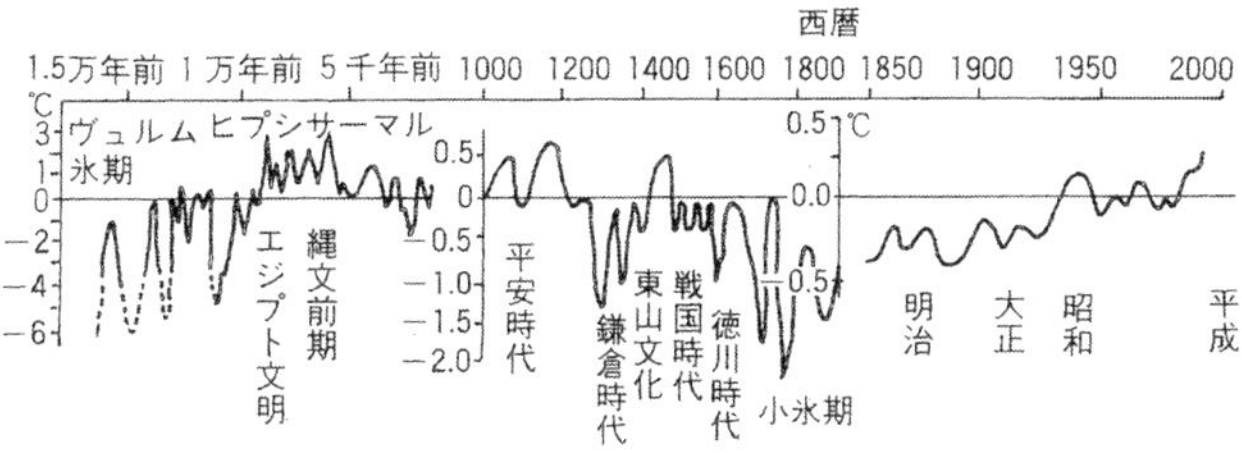

図2、ヴュルム氷期から現代までの気候変化
朝倉 正著『異常気象と環境破壊』読売新聞社より

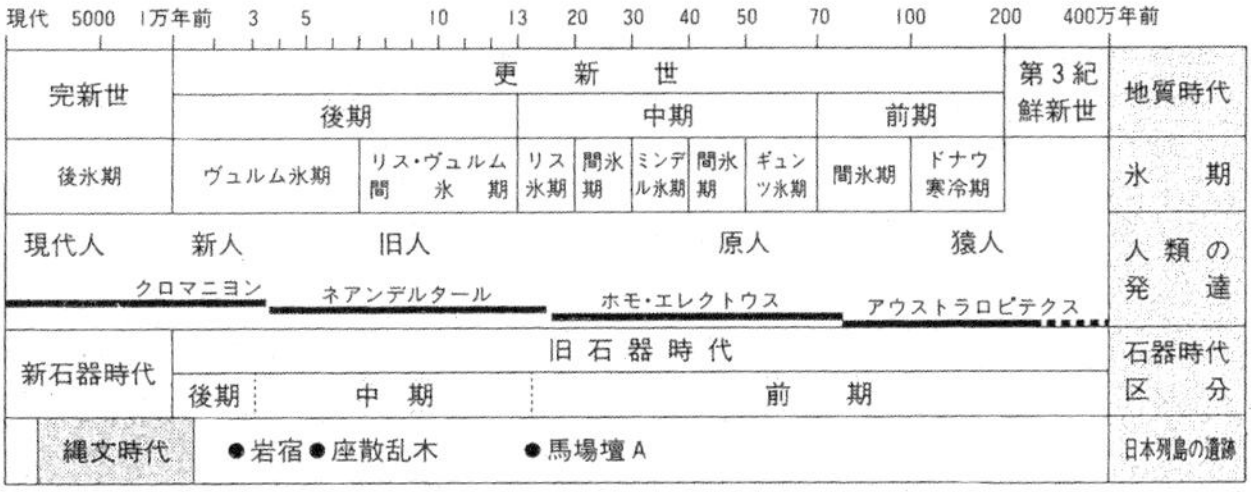

図3、先史時代年表
佐々木高明著『日本史誕生』集英社より

「間氷期」に位置する。

寒冷化に向かう地球サイクル

一部気象学者によれば、二万三〇〇〇年後世界は「氷河期」に入り、一万八〇〇〇年前のようになるという。

気候の変動は、穏やかに起こるわけではない。ある時代から別の時代に突如変わる。以下大枠ではあるが、我が国の気候、温・寒サイクルを列挙した(区分は目安として掲げたもので、地方・地域によって若干異なる)。

縄文時代草創期・早期、寒冷期
前期・中期、温暖期
後期・晩期、寒冷期
弥生時代前期、寒冷期

中期・後期、温暖期
古墳時代、寒冷期
飛鳥・奈良時代、温暖期
平安時代、温暖期〜寒冷期
鎌倉時代、寒冷期
室町時代、寒〜温暖期
安土・桃山時代、温暖期
江戸時代、温〜寒冷期
明治・大正・昭和、寒〜温暖期
平成、温暖期

本来「温暖期」とは、大陸氷床が全く存在しない温暖な時代で、恐竜がいた一億年前の中世代（白亜紀）を指す。（図4）確かに、ヨーロッパの「産業革命」以降、地球サイクルを破壊し、人間圏への際限なき資源の流入による「温室効果ガス」や「化石燃料」などの大量消費は、逆説的だが「氷河期」を遅延させ、地球を滅亡させる行為といえよう。

地球循環と調和し、エネルギーの流れと共生する「縄文文化」宣揚により、自然のリズムを取り戻したい。

温暖化の末、恐竜時代に逆戻りは不可能だ。

安田喜憲氏（環境考古学）は自著で次のように警鐘を鳴らす。

北大西洋の海水が四度まで冷やされなくなると、深海底に潜り込めず、海洋は無酸素状態となり、海洋生物は絶滅し、海洋生物の死骸が発するメタンや硫化水素に大気は覆われ、人類は絶滅する。

【コンベヤーベルト（海洋大循環）】北極の氷で北大西洋で四度に冷やされ、大量に酸素を含み深海底に沈み、太平洋の北で温められ上昇。北に逆流する冷たい海流を吸収する。（図5）人類は地球の生成の歴史のサイクルでしか存在しえない。

猿人・アウストラロピテクス（直立二足歩行）は四〇〇万年前「鮮新世」の初め、二〇度前後の温暖な気温が急に下がり、一〇度前後に下がった時期に誕生した。以降進化する人類は「更新世」という氷河期に誕生する。（図6）原人・ホモエレクトゥス（発達した頭脳、左右対称な石の道具を製作）八十～七十万年前。旧人・ネアンデルタール（高度

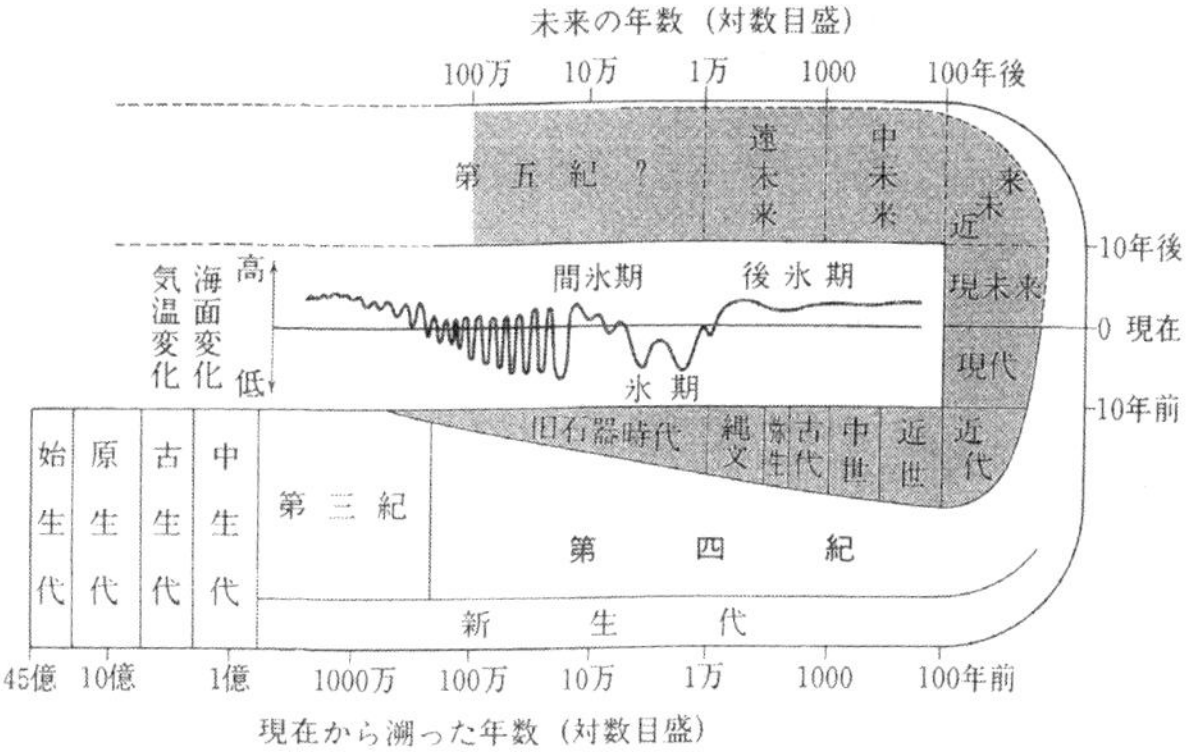

図4、地質時代、歴史時代からの未来の編年図
日本第四紀学会編『百年・千年・万年後の日本の自然と人類』古今書院より

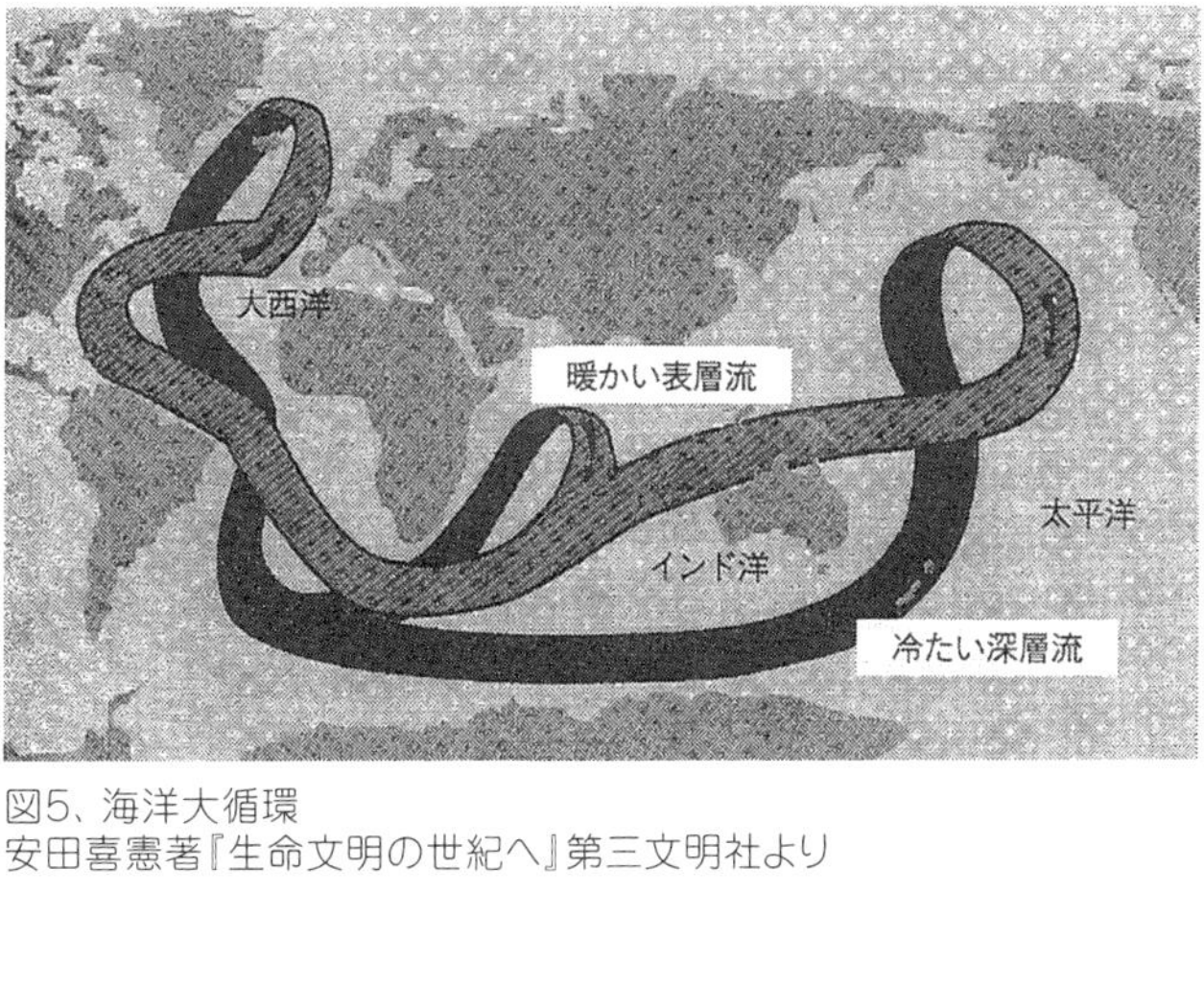

図5、海洋大循環
安田喜憲著『生命文明の世紀へ』第三文明社より

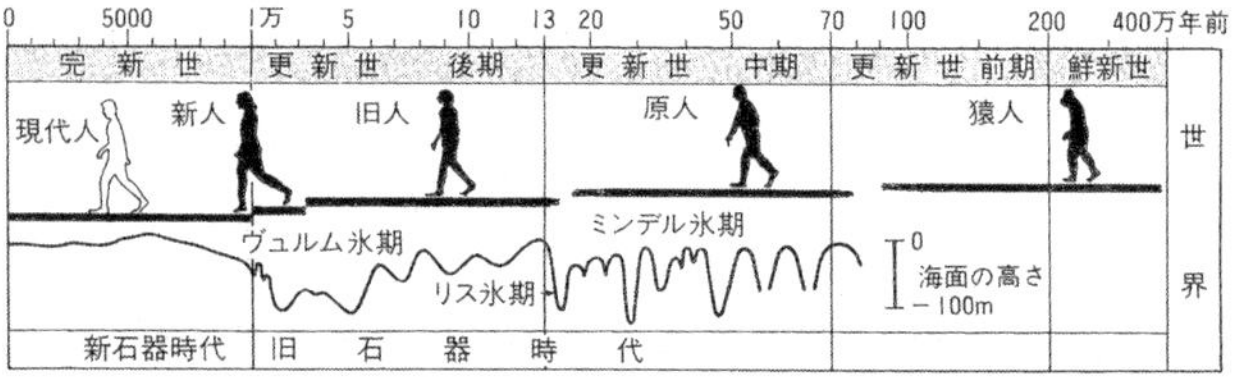

図6、人類と氷河の歴史
佐原 真著『日本人の誕生』小学館より

な石器製作、埋葬の習俗）約十五〜十万年前。新人・クロマニヨン（私たちの直系）約三万年前。ヴュルム寒氷期にあたり、スカンディナビアの氷床四〇〇〇メートルの厚さ。一〇〇〜一四〇メートル海面低下。平均気温マイナス六度という極寒期だった。

地球全凍結の場合、環境中の酸素濃度が増加により、生物が大きな代謝エネルギーを獲得できる条件が成立したことで、生物に大進化がもたらされた。生物の進化には、氷河期という地球環境の大変動が不可欠だった。

以下、宇宙＝生命の生成を、佐藤勝彦氏（宇宙物理学・東京大学教授）の著書『宇宙はわれわれの宇宙だけではなかった』（PHP研究所）を規範に要約させていただく。

宇宙ではエントロピー（無秩序）は増大する。――エントロピー増大の法則（熱力学の第二法則）――絶対的物理法則である。形ある物は壊れ、秩序は崩壊する。

エネルギーが流れている状態では、秩序だった形が維持される。「渦」は水流がないとできない。常に物質が流れているところでは渦ができる。この「渦」の一つ一つが個々の生命に例えられる。

「CP対称性の破れ」とは、エネルギーの高い（放流）状態から低い状態に落ちていく現象の定義で、水より氷のほうがエネルギーの状態は低いので、低いほうに「充満」する。

物理学的に、物質はいつもエネルギーが「一番低い状態」のとき「一番安定している状態」だ。冬眠↓仮死↓永眠。

「宇宙空間」とは、エネルギー値が均衡状態「常伝導」からエネルギーが低い状態に集中「相転移」することで、粒子（物質）と反粒子の〝対〟が生まれ、衝突し光になり消滅する。だが、対が〝破れ〟粒子のみ単体が、一定確率で発生する。それが消滅することなく残り、その粒子が固まって、陽子や中性子をつくり、宇宙の物質をつくった。

CP対称性の破れについては、二〇〇八年度ノーベル物理学賞「小林・益川理論」で発表され、まだ記憶に新しいだろう。

【仏典】に「色即是空・空即是色」とある—目に見えるものには実体がなく、目に見えないものには実体がある—

イギリスの理論物理学者デビッド・ボームは、宇宙・生命を以下のように明示した。

①宇宙は明在系（物質世界）と暗在系（潜象世界）から構成されている。
②暗在系には意識が存在する。
③暗在系にはエネルギーが充満している。

廃村した空白の三内丸山村は、ＡＴＬウイルスが空間を浮遊していたことだろう。次なる、より長生きする宿主を求めて――。

ウイルスは人間の体外に出ると、微細な粒子となり、永遠の生命を保つ。再び人間の体内に入る時がくると、生物として蘇る。

人間も近似した構造と考えられる。

原初、生物は紫外線により、致命的ＤＮＡの損傷を受けた。やがて光合成細菌が生まれ葉緑体（植物の起源）ができた。だが、酸素は細胞内の分子を酸化させるので、あるものは地中奥深く潜り、酸素からの影響を逃れた。

二十億年を経て、酸素を利用する「好気性細菌」を、細胞内に取り込んで呼吸に都合いい「ミトコンドリア」という現在の形に変化。

「呼吸」とは、光合成細菌がつくった糖などを使って分解してエネルギーを得ることだ。

我々は「好気性細菌」と共生することで、酸素を利用する生物として進化してきたが、酸素と結合する酸化反応をおこし、ＤＮＡやその他分子が酸化され、病気や老化の原因となる。死がシステムにプログラムされた。
あの世とは行くのではなく、シンフォニーを奏でる宇宙（空間）に還元することなのだ。

♪秋には光になって　畑にふりそそぎ
冬はダイアのように　きらめく雪になる
朝は鳥になって　あなたを目覚めさせる
夜は星になって　あなたを見守る
千の風になって　千の風になって
あの大きな空を吹きわたっています
『千の風になって』
（日本語詞　新井満）

四〇〇〇年の長遠な時空を経て、三内丸山村は空前なる遺構が出現。再誕し蘇った。
あなたが、廃村期と同様な極寒の三内丸山遺跡に佇んでいるのなら、あなたが見ている村の喧騒は、そして蜃気楼は現実なのかもしれない……。あるいは、薄れゆく意識の幻か……。

縄文信仰序曲

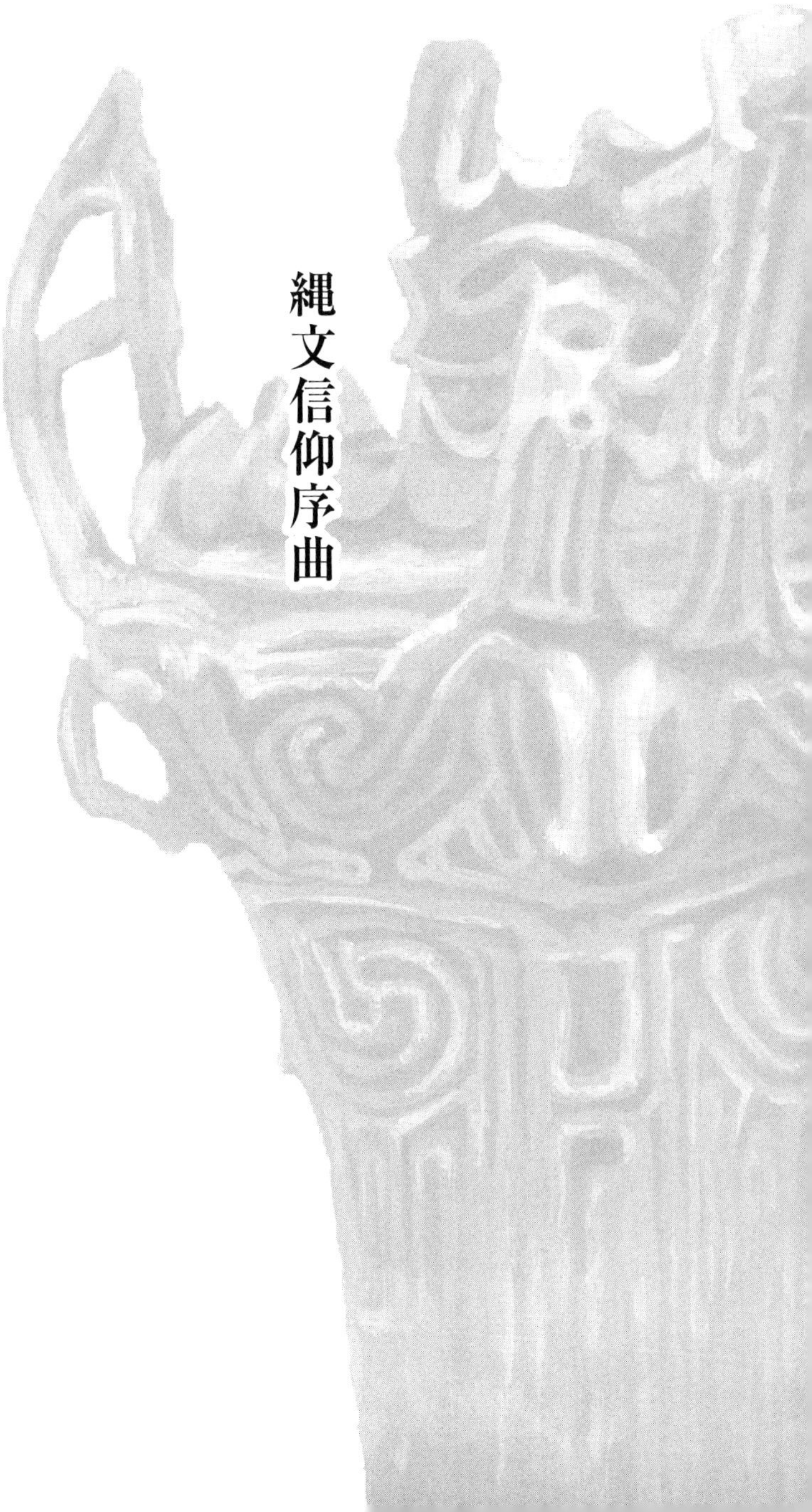

●出雲大社と縄文

本稿は縄文人一万年の信仰と祈りを『古事記』『日本書紀』など、神話や、偽書といわれる、「竹内文書」、「月日神示」の真意を読み解き、あわせて史実から租借したい。

そもそも、皇祖「万世一系」は、雄略天皇（五世紀後半）の代に改定したもので、天神七代から上古三代天皇までの神々や天皇の行動が削除。大和朝廷の作為であり、神武天皇とそれ以前の皇統は別種であることを確認されたい。天皇という称号自体、道教の神「北極星」を神格化した「天皇天帝」の言葉の借用である。

【道教】中国の老子の無為無作為・道徳思想「道家」に中国古代の宗教・呪術を取り入れた思想。

【儒教】中国春秋時代の孔子の『論語』に孟子の礼学＝貴賤・仁義観など「儒学」や仏教思想を加えた折衷思想。

上古以前にも膨大な数の、墳丘墓や陵墓があり、代表的なもので、蔵王・飛騨・高千穂・出雲・諏訪・吉備がある。天皇家の祖先は列島先住民縄文人の系譜とは別系統で、

「争い」の神・渡来人による〝弥生信仰〟が元となり、伊勢神宮始め、「神社神道」を形成した。その秘儀的形態が、皇室・祭祀の一部に取り込まれたわけで、明治時代に入ると、幕末の御用学者、加茂真淵、平田篤淵、本居宣長らが主張した、

日本国は神国で、世界は天祖の神により創建されたもので、天神、地神の現れを経た後、皇祖の神が万世一系の皇統を保つことで日本を形成してきた。

とする「記・紀」神話から国家の歴史成立を説く復古神道の考え方が台頭し、明治政府はそれをベースに脚色、政治や社会体制を皇祖至上主義の「神国論的」理論で万民を強要した。いわゆる「国家神道」成立だ。江戸時代に派生した大本教（現・大本）「教派神道」は特高により弾圧された。「畏くも神武天皇は猶太（ユダヤ）より渡来せられ、真の天照大神の御系統たるニギハヤヒを征服せられるものにして、皇室は決して正統たる統治者にあらず」とする文言で、第十代崇神天皇の時代、ユダヤ系の漢の武帝が日本を侵略。天皇を「神」に祀り上げた、との論旨によるものだ。

漢字導入による「記・紀」の改ざん、律令体制への移行は、文盲の庶民を欺く目的で

もあったのだ。

「竹内文書」（「記・紀」より二世紀ほど前成立）は、古代における日本とユダヤとの深い関係、「日猶同祖論」を展開。伊勢皇大神宮にまで論及したことにより、文書公開した竹内巨麿は昭和十二年「不敬罪」で起訴される。

そもそも、大和朝廷の目的の一つは、古神道を奉ずる物部・新羅勢力の根絶であり、藤原一族と秦一族の全面協力を得た百済勢力による新羅系天武王朝転覆が目的である。仏教伝来は百済の聖明王が、皇室に仏像・仏具・教典を献じたことによる。恒武天皇と、続く「百済系王朝」は藤原一族の協力で、八～九世紀前半『日本書紀』を改ざん創作した。


神道の象徴とされる【三種の神器】を検証する。

「神鏡」は日神像を象徴（天津神系）。「神剣」は新羅系帰化人の剣（後高麗に征服される）。「勾玉」＝月神像信仰部族（国津神系）旧い順に、勾玉、神鏡、神剣となる。
①前期国津神（縄文人系先住神、ツクヨミノミコト）
②後期国津神（オオクニヌシ、オオヤマツミ、コノハナサクヤヒメ他）を祖神と仰ぐ高天原族（天孫族）に服従した一部縄文人。

③天津神（アマテラス、ニニギ他）を祖神と仰ぐ弥生・渡来系高天原族（天孫族）

以上の神話を歴史的に読み解くと、渡来人は江南の地、浙江省周辺を起点とし、東シナ海を横断、朝鮮半島南方経由で北九州へと渡来した非シナ系の稲作原住民である。渡来したのが紀元前二〜三世紀頃でちょうど弥生時代にあたる。その後、稲作が北九州から西日本に伝播していき、天孫降臨の下地が形成されていく。

渡来系が携えてきた稲の豊穣に繋がる「稲霊」・「水神」を信仰する弥生系と、高天原族に服従した一部縄文人の信仰「海神」（常世神）・「船霊」・「蛇神」（龍神）が合流定着する。のちに、戦の神（軍神）が加わり〝弥生神道〟として定着。稲霊信仰として、皇家に取り込まれ、やがて大和朝廷樹立の道を歩む。

よって、山人族・海人族こそ古代から現代まで二〇〇〇年に渡り、天津神体制に抵抗し続けた国津神の子孫＝縄文系である。

「山人系統」熊襲（南九州）・山蜘蛛（東九州、山陽）・国栖（大和南部、近畿）。山民（東日本）「海人系統」隼人（南九州）・阿曇（北九州）・肥人（西九州）・越人（東日本）、「両系統」として、蝦夷（東北北部、アイヌ）。

彼らは、大和朝廷に抵抗するものとして存在した。

今日でこそ、伊勢神宮が国内で権威のある神社として崇拝されているが、明治維新以前は見向きもされなかった。天皇家ですら、参拝したものはわずかで、むしろ熊野大社など、「出雲系」の神社に詣でるのが普通だった。

陰暦の十月を「神無月」(かんなづき)という。日本中から出雲に集まるため、出雲の人たちは「神在月」(かみありづき)という。

伊勢神宮は「外宮先祭」といわれ、天照大神を祀る「内宮」より「外宮」の豊受大神＝宇迦乃御魂神が優先される。「宇迦の地の神」つまり、出雲の祭神「大国主命」(国津神系＝後期縄文人)であり、天照大神の祭祀を妨害するために出雲族がつくった拠点だった。歴史の変遷のなかで、古き良き時代の純粋な日本人の生き方を「記・紀」に、「惟神」(かんながら)と呼んできた。『広辞苑』によると、〈神代から伝わってきて、神慮のままで、人為を加えぬ日本固有の道。神道〉とあるが、蒙昧である。農耕民族としての大神主にあたる天皇の仕事は豊作を祈り、収穫を感謝する祭祀であり、そもそも水田稲作を始めたのは「弥生時代」であり、農耕は自然への侵略行為で、暴風雨や日照りは敵である。灌漑施設や水田管理など、権力・王権を必要とし、七世紀の皇室神道に収斂。(「記・紀」成立)

【まつりごと】＝政＝『広辞苑』によると、①祭祀権者が祭祀を行うこと。祭祀。②主権者が領土を統治すること。政治。「祭祀」と「政治」の意味があると解説。

よって、「惟神」の素地は「弥生時代」以降であり、「縄文信仰」は、さかのぼること約一万年間の縄文人の痕跡から考察せざるを得ない。

縄文時代は文字がなかった。口伝えで事足りたのだ。栗本慎一郎は『パンツをはいたサル』（光文社）のなかでこう述べている。

文字はたんに記録を残すために必要なのではない。記録を残すことが必要なのは、そこになんらかの異論の発生する余地があるから必要なのである。（中略）内部的に均質な部族社会は、いかに高度な文明を備えていても、文字を必要としなかった。

つまり、青森・三内丸山に代表されるような高度な縄文文化を築いたにもかかわらず文字がなかったということは、縄文時代には異なる文明をもった人々が大量に押し寄せてこなかった証左であり、国内でも、他の土地に踏破することもなく、正当性を顕示するための文字を使った歴史書を残す必要もなかった。

はじめにヒ・フ・ミありき

本稿の表題に「縄文信仰〝序曲〟」と付した所以も、文字誕生以前の解析には、「言霊」・「音魂」といった波調・波動・振動にキーワードが隠されているのではとの思いからである。

あわせて、今日において縄文人の信仰と祈りが色濃く残っている「アイヌ」や「離島」の伝承、縄文追体験などから論及したい。

四十六億年ほど前、地球が生成。徐々に冷えていくと、溶岩から大音響とともに水蒸気が噴き出し、雨雲を生成。地球の始まりは、ヒ「火」とミ「水」が交り合った〈音〉＝フ「風」だった。やがて雨となって海ができ、長遠な時間を経て三十五億年ほど前、海中から原生生物が誕生……。

祓詞「ヒフミ」四十七音（文字）に「ン」を加えると四十八音（文字）になる。ちなみに後の空海作「いろは歌」も同音数である。

象形カナ文字は「神代文字」の一種で、日本言葉は黙読より、祝詞に向いている。『万葉集』に、日本のことを「言霊の幸はう国」という。東京医科歯科大学教授角田忠信氏は自著『日本人の脳』（大修館）で、「日本人は言語野を持った左脳において子音と母音の両方を処理する。ちなみに、西洋人は左脳では子音のみを処理、母音は言語野でない右脳で処理する」と、日本言葉のイメージの広がり、含蓄を示唆する。ちなみに、音節末尾に母音（「ん」を含む）を用いる種族は、日本、ハワイやタヒチ・ポリネシア（アルタイ語族）のみで、同じアジアの中国、韓国も含め、大多数の民族にとって、虫の音、鳥の囀り、梢の囀りはノイズ（雑音）にしか聴きわけられないのだ。右脳は音楽野といわれ、言葉に変換不可能なのである。

言霊も波動であるが、すべての物質も様々な波動を出している。その値を測定する機器もドイツや日本で開発されていて、微細な波動を人間に通電することにより増幅し、測定する。測定結果は最大値がプラス二十、最小値がマイナス二十、ゼロはプラスマイナス両方の値があるため、全部で四十二段階となる。（＋数値が高いほど人体によい影響を及ぼすエネルギー）縄文土器、弥生土器、現代陶器それぞれを、人間の五臓六腑に通電実験に携わった故・高坂和導氏（宇宙考古学）の測定結果によると、平均値で、縄文土器プラス十五、弥生土器プラス十、陶器プラス六で、陶器のエネルギーが極端に少ないことが判明。縄文土器が多くの宇宙エネルギーをもっていたことが解析された。

私たちの身体や内臓も「静電気」で認識される微弱の電磁波を放電している。身近な大腸菌始め、水虫の白癬菌など「微生物」も波動に通電されていて、私たちは「虫が好かない・好く」のごとく、微生物が生き延びられる宿主として好まれている。遺伝子複製やタンパク合成システムを利用し、コピーを増やしつつ個体に乗り移る。宿主が滅んでしまったら、微生物は子孫を残せない。微生物は、私たちの体のなかでは「半導体」の役目をしている。

【半導体】『広辞苑』によると、「導体と絶縁体の中間の電気伝導率をもつ物質」、つまり、異質なもの同士をエネルギーに交流させるには「半導体」の役割が必要なのである。体内に取り込む食物を吸収するのも同様である（その働きの一つが善玉大腸菌だ）。

私たちの体内にも周囲にも波動が働いている。それらを共鳴できるのが音楽であり、リズムであり、旋律である。

すべての事象はドレミファソラシ（ド）の七音階にあり、延長線上の周波数が高いか低いか、物質として大きいか小さいかの差で、四十二オクターブの階層に分かれ人間が成立する。いちばん上の四十二オクターブ目に微生物が位置して人間の手の届かない作業をしている。

脳科学者・茂木健一郎氏は自著で次のようにいう。

生きるということは時々刻々のすべてが音楽であって、自分の生の履歴は余さず音楽として感じることができる。世界はおしなべて音楽ではないか（中略）音楽とは、空気中に伝わる振動が一秒間に繰り返されるところの周波数を利用した芸術である。自然界の数学的現象と根底でつながっている（中略）音楽は生命の根源的世界を現実世界に再構築してくれる。

（『すべては音楽から生まれる』ＰＨＰ研究所）

氏は更に同書で、「ｍｕｓｉｃ」はギリシャ語の「ｍｕｓｉｋｅ（ムシケー）」の単数形で、詩や舞踏といった美的行為も含まれ、言葉の意味はわからなくとも音楽として聴くことができるとし、意味に拘泥してしまうと、生命活動から遠ざかってしまう傾向がある、と、まさに示唆に富む箴言であり、「言霊」・「音魂」を証左するものである。

哲学者、マックス・ピカートは〈言葉の魂〉について次のように述べた。

言葉の空間は言葉の身体よりもさきに出来上がっていて、その空間は、また、言葉の身体よりも大きい。この言葉の体を創り出すのは言葉の魂である。

私たちは「祝詞」や「声明・読経」に意味はわからなくとも霊妙なものを感じる。【仏典】に「声、仏事をなす」の所以である。

アイヌ音楽の神々

本項では、主に「アイヌ民族音楽」から「縄文信仰」をひもといていきたい。なぜなら、沖縄、大和音楽も同様歌を主体にするが、沖縄、大和の歌が、歴史時代を通じ旋律など外来音楽の影響を受けたのに対し、アイヌの歌は狩猟採集生活と結びついた古層のカタチを守り伝えてきたが故に、縄文人の祈りと信仰を知る上でアイヌ民族の音楽を抜きに語れない。

人と神（カムイ）

♪「カムイーオカイークスーアイヌーネヤッカーオカイーエアシカイー。アイヌーオカイークスーカムイーネヤッカーオカイーエアシカイールウエネー」

（神がーいらっしゃるーからー人間ーもー無事に暮らすことができる。人間がー大勢いるからー神様ーも役目をするためにおわすことがーできるのーですよ）

アイヌの人たちは、神が見守ってくれるからで、自分がエライとか金持ちとか思ってはいけない。多くの他者（神々も含め）のなかに自分を位置付けてきた。多くの人たちの助けを借りて今の自分があると考える。

権威・権力の階層はないが、人望がある人は周囲から認められ、尊称で呼ばれる。

「コタンコロクル」＝集落の統治者。

「ヌプルエンチゥ」＝威力のある人。

「チランケピト」＝降臨された御人。

神（カムイ）――。

自然現象、風、雨、雷、雪……。死んだ人、浮遊している魂。熊などの動物、毒をもっているマムシなど。網を張って捕らえる虫。毒をもっている植物、トリカブト、毒キノコなど。

その他。巨木も神。家も神で、内懐に人間が抱かれる、女性神。火も神。生活に不可欠。

憑き神

♪「クーコルートウレンーカムイートウラーカムイーコーオンカミーカムイーコーヤイライケークーキーシリーネナー」

（私ーのー憑きー神ーとともにー神ーにー拝礼をー、神ーにー感謝をー、私がーするー有様ーですよ）

憑き神が憑くのは、人間だけで、神には憑かない。人間以上以下の能力のものにも憑かない。神や人間以外のものは定められた一生を送る。人間の一生に憑いて回る神。

アイヌの言葉は「動物の擬声」から生まれた。〈イヨマンテの儀礼〉にみられるように、キムンカムイ（山の神様）である熊を神の国に送り返す儀式である。

動物霊との交渉に際して動物の擬態や擬声の対応が要求される。

典型が、唸り、震える声で歌われるアイヌの巫術（トウス）であり、アイヌ音楽が信仰そのものである。

アイヌの人々は、稲作、神仏習合という大和朝廷の文化統合政策にかかわらず、狩猟採集と自然信仰を守り抜いた。

普通、神道といえば「鳥居」「注連縄」「お社」「狛犬」を連想するだろうが、実は大和朝廷が、古代ユダヤ神殿を模したものである。

日月神示には「鳥居や注連縄はいらぬ。石を祀れ、神籬を立てよ」（下つ巻第十五帖）と〝縄文神道〟の祭祀復活を箴言する。

沖縄・先島の離島、御嶽（うたき）には、神事がないときはただの野原という場所がある。神事があると、その原っぱの草と草が結ばれ、斎場となる。

神事を行える小さな空間と時に応じ、神が降臨する際の依代になる石や柱があれば、そこは「社」なのだ。

後世、社殿が建てられ、本来依代にすぎなかった石が社殿内に安置され、御神体化した。

ひろさちや氏（宗教学）は自著で、縄文信仰と神道の区分を次のように明解に語った。

アマテラスオオミカミやトヨウケノオオカミなどは「固有名詞」の神で、請求書の祈りであり、お願いする神だとする。

それに対して、「普通名詞」の神は、小さな祠・社に祀られる名も無き神で、領収書の祈りであると。良いこと、悪いこと、何をいただいても感謝する神と述べる。すべての現象に「神々」をみる「アイヌ信仰」に通じる祈りであり「縄文信仰」にも通低する。カミ、ヒト一体は縄文文化の甦りでしかありえない。

岡本天明（画家・神道研究家）は「日月神示」で、「まつり」「まつろう」を次のように自動書記（指先が痙攣して無意識に書き示す）した。―神と人、天と地の間を真に釣り合わせる。神にして同時に多神、多神にして同時に汎神（略）―

縄文信仰は、草木、岩石、人間、動物万物すべてを神々と感じ、それらに霊が宿ると考え、山や森、大地など自然を万霊として尊び、月の満ち欠けを死と再生と捉え、月を里芋の親神と崇め、ハレの日の行事の主役であった。

弥生時代以降、米からつくられる餅が最も尊い食物と考えられ、正月に「鏡餅」として神棚にお供えしていたが、縄文時代は自然への恵みに感謝する「十五夜」＝お月見が「芋神さまの祭り」として主役であり、里芋を月にお供えして、その収穫を感謝する祭りだ。

現在でも、伊豆諸島・青ヶ島では、正月三が日の間、餅は一切食べず里芋を食べる。同様な風習は伊豆七島の八丈島、埼玉県北埼玉郡や和歌山県西牟妻郡の一部にも残っている。

正月の餅は全国的に慣習化していても、各地で、「十五夜」は月の祭りと同時に「里芋の祭り」として祝われている地方は多い。

里芋はもともと「芋神」であるから、月から生まれた子供と信じられているからだ。

「記・紀」によると、イザナミが左目を洗うと「アマテラス」が生まれ、右目を洗うと「ツクヨミ（月読命尊）」が生まれたとする。ところで、「左」は火で男性＝陽を象徴。「右」は水で女性＝陰を象徴する。アマテラスを女神とした経緯は伊勢地方で稲の豊作に奉仕していた一人の巫女を神格化、皇祖神に祀り上げた。天孫神話は、太陽信仰をもつ渡来人に、のちの大和朝廷が皇祖を日神と権威づけ、かつ、縄文人の主神、月神ツクヨミを陰に隠匿した。

「縄文信仰」に神殿は要らない。神主も必要ない。縄文遺跡址と広場（ハラ）が斎場だ。土取利行（パーカッショニスト）は八ヶ岳山麓・尖石縄文考古館与助尾根住居址広場で、深夜、炉の炎を囲み、粘土から自ら製作した縄文楽器で演奏した。土笛、石笛を吹き、呼吸を整え新たなエネルギーを集中させ、一つの縄文鼓から次の縄文鼓への演奏に挑戦していく。土器鼓のなかにはいくつもの音が渦を描くように舞い、一打ごとにさまざまな倍音となって、地と共鳴し、天に共鳴する。

演奏に挑戦していく過程では、時に炎の揺れる様が縄文人の踊る姿に見え、広場をめぐる風の音が縄文人の声に聴こえることがある。

先に紹介した高坂和導氏が、新潟県西蒲原郡巻町角田山裾野に残る大斗能地天皇（上古第十八代）遺跡址で神祭りを行った際、新潟県長岡市で発見された「火炎土器」に水を張り、火にかけると二十五分で水は沸騰し、水蒸気が上がり、天空に真っすぐ伸びていくと、青空に立派な龍雲が現れた。顔つきや鬚、二本の角、長い胴体がはっきり現れた。青空にも関わらず、霧雨のような光輝く雨が降り出した。その間、わずか十分間で、地面はしっとり水を含んでいた。「火炎土器」は雨乞いの神器だったと実感を語った。

縄文人の「火炎土器」製作の真意を知るすべはないが、高坂氏が目の前で見た現象は事実である。また、土取氏の聞いた縄文人の声・姿は幻聴でも幻覚でもなくエネルギーの波動が現じたものだろう。

♪村祭（文部省唱歌）
村の鎮守の神様の今日はめでたい御祭日
ドンドンヒャララ　ドンヒャララ
ドンドンヒャララ　ドンヒャララ
朝から聞こえる笛太鼓

鎮守を〝縄文〟に替え詞にし、声に出して歌うと縄文神が降臨する。名は体を顕す。御手による縄文土器・土偶は神器と化す。礼拝。

縄文人の源流と琉球・アイヌ考

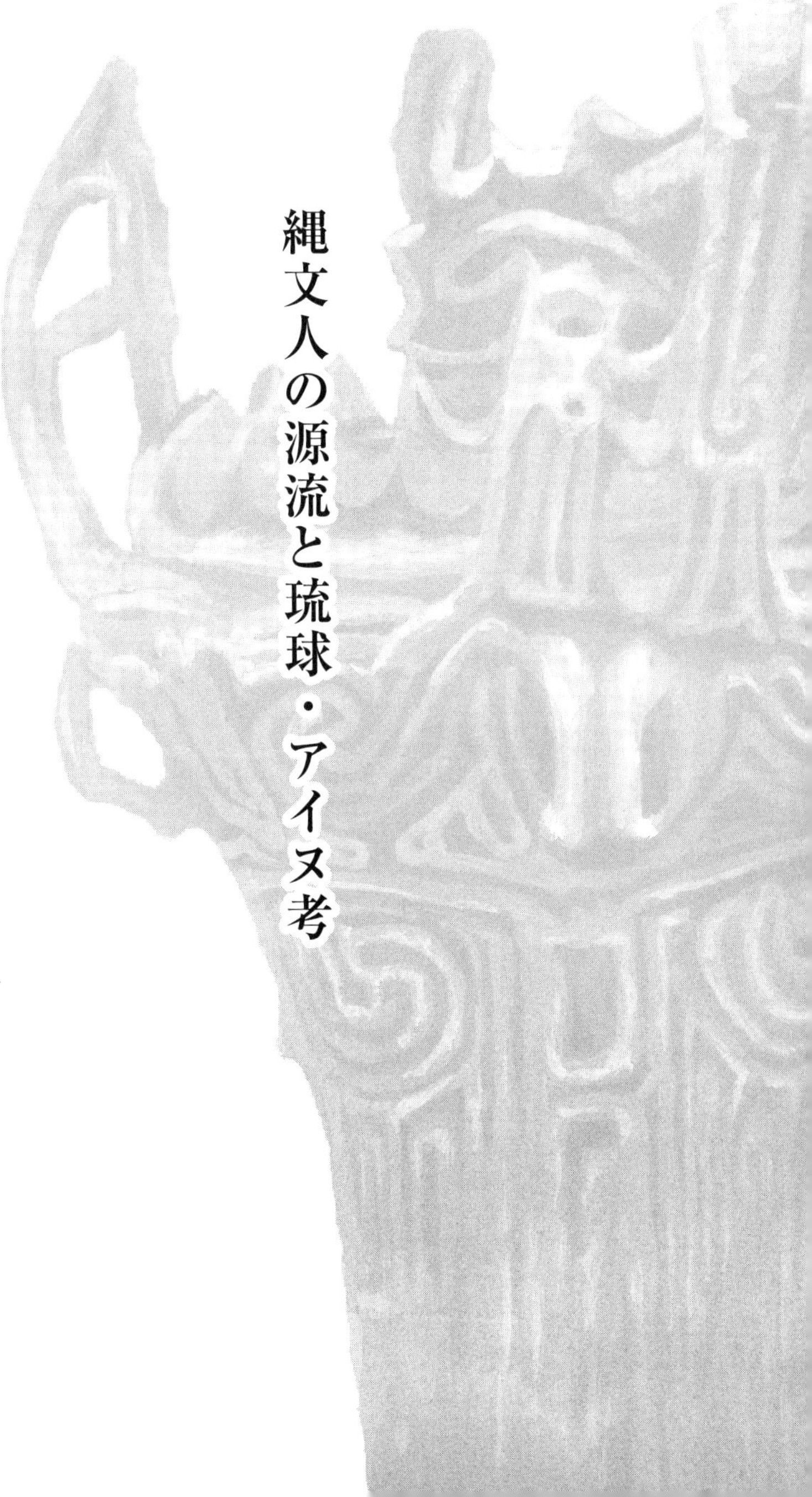

縄文人はどこから来たのか？

人類は三〇〇万年ほど前アフリカで誕生。南回りで東南アジアに辿り着き、ヴュルム氷期の三万年ほど前以降、地続きの氷橋を渡り日本にやってきた。同じ南回りに「オセアニア諸島」と「オーストラリア」も縄文人と同じルーツである。片や、ヒマラヤを迂回、シベリアを超え、サハリン経由で宗谷〜日本列島北部に到着した北回りもいた。（図1）

また、極寒のシベリアに残留し、環境に適応した人種（新モンゴロイド）もいて、のちに南下し、朝鮮半島に辿り着いたのが、渡来人。いわゆる弥生人の源流である。

人類学・遺伝学などにより、人骨の特徴、ミトコンドリア、ATLウイルスの分布、耳垢（乾型、湿型）の分布や、また、言語学などにより、人類動向が解析されている。

それらによると、日本地図上に、古・新モンゴロイドの地域的偏りがあることがわかった。

古モンゴロイド（縄文人）の遺伝子が強いのが、北海道、東北地方中心に、北関東、北陸、山陰、四国の太平洋側、南九州、沖縄、南西諸島で、片や、新モンゴロイド（弥生

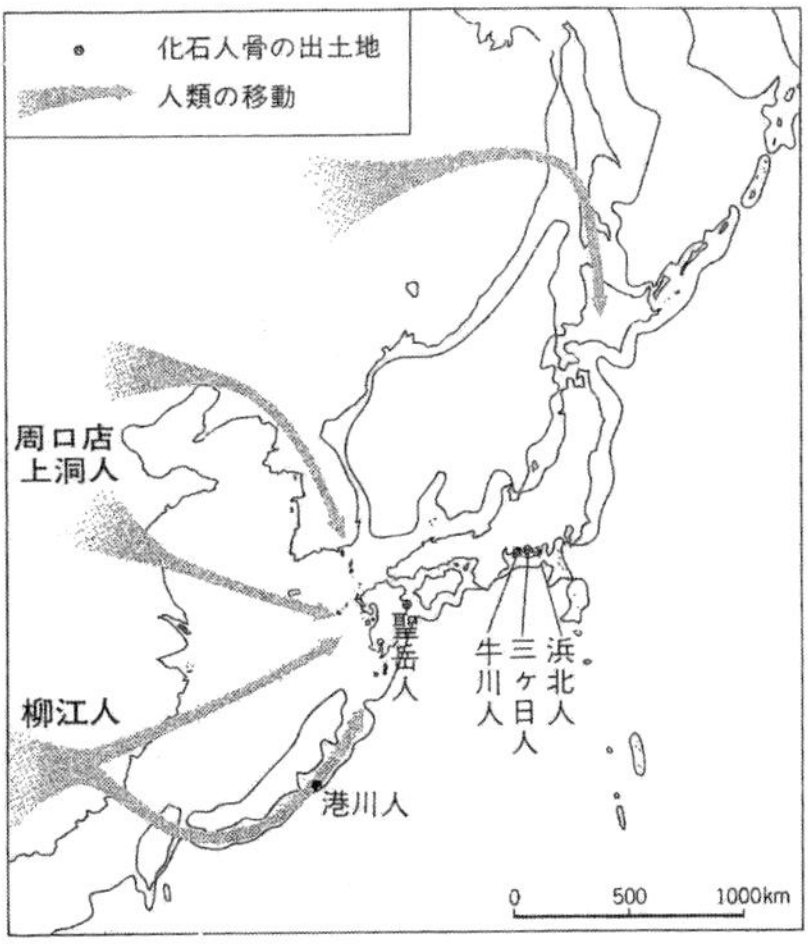

1、モンゴロイドの旅
佐原 真著『日本人の誕生』小学館より

人）タイプは、近畿を中心に、瀬戸内海沿岸、北九州、東海、南関東に多い。

縄文人の特徴は、目が大きく、二重瞼、鼻や口が大きく、体毛が濃い。

弥生人の特徴の一つが、鬚を含めて体毛が薄い。凍傷を防ぐためで、（体毛程度では逆効果）顔も凹凸が少なく、一重瞼だ。体温を温存するため、胴は長く手足は短い。

日本列島で出土した頭蓋骨で三万年以降の縄文人の祖先と思われる、唯一完全な人骨が一九六八年、鈴木尚氏（考古学）によって沖縄本島具志頭村港川で発見された。縄文人の祖先「港川人」（一万八〇〇〇年前）だ。（図2）

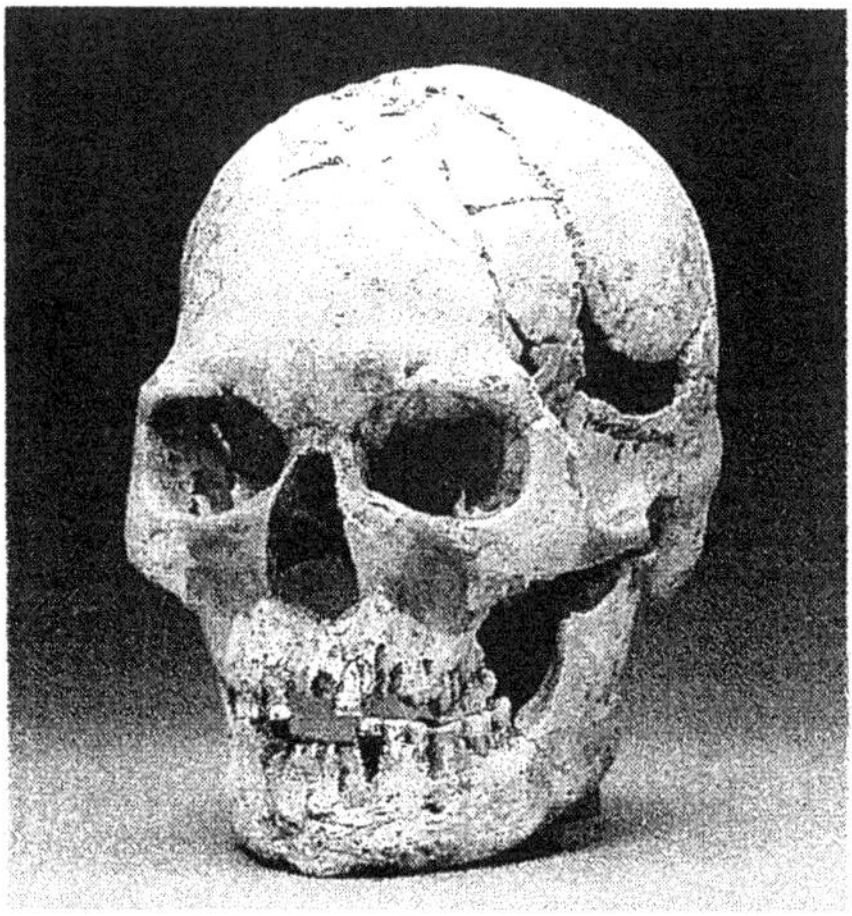

図2、発掘された「港川人」の頭蓋骨(出典:インターネットより)

一九八六年。山口敏氏が発表した「マハラノビス距離」(統計学・頭蓋骨計測)による縄文人からの距離を測定。数値が大きくなるほど類似度が低い。アイヌ人二・八%沖縄地方三・七%で、数値が大きい順に、華北人十九・四%朝鮮半島人十五・八%だ。(図3)つまり、渡来人たちの〝水田稲作〟侵蝕に手の届かない日本列島北東部や南西部では縄文生活を続けられたということだ。

ミトコンドリア(母系の遺伝・RCR分析法)によると、精子は核のDNAを送るのみで、ミトコンドリアは、母由来の独立した系統樹遺伝子(母系の家紋ようなもの)で、アフリカ人はすべての人種の系統樹をもっていて、他の人種の生みの親であると判明。

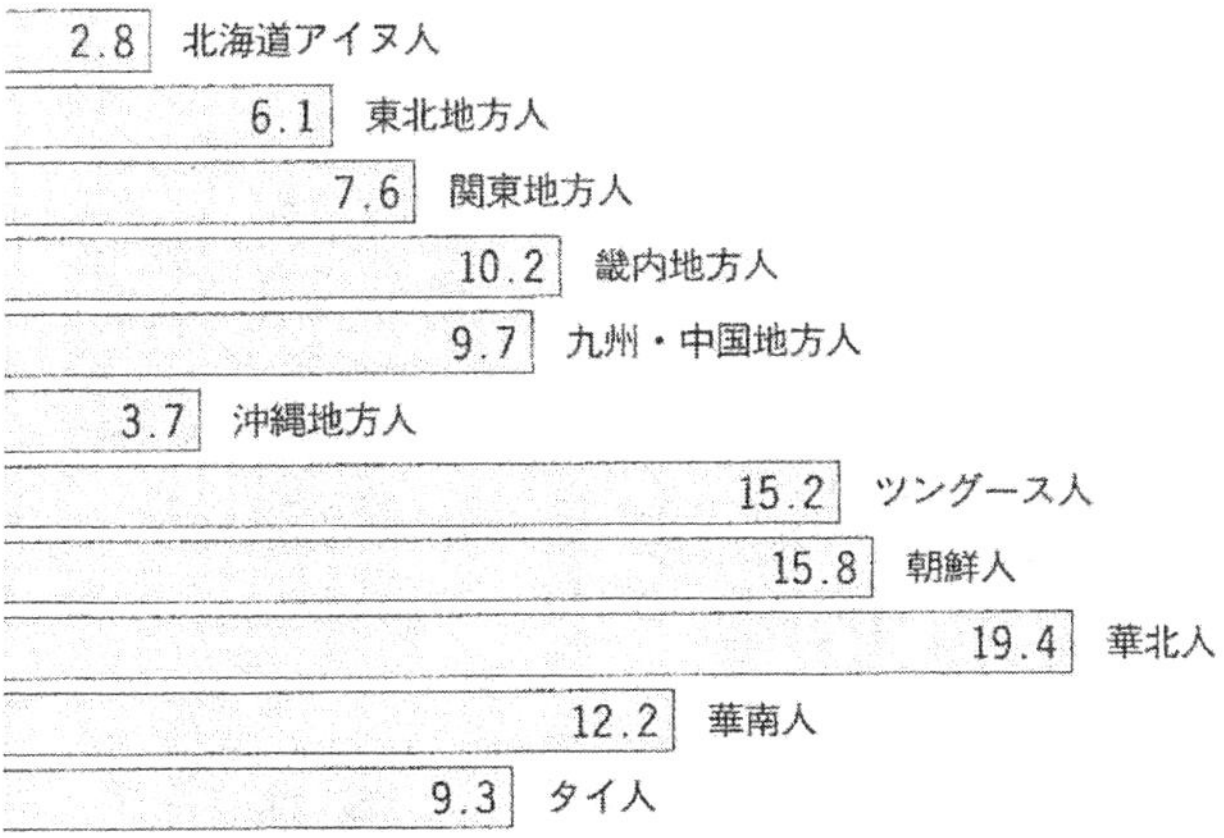

図3、縄文人からの距離
関 祐二著『縄文人国家=出雲王朝の謎』徳間書店より

宝来聡氏（遺伝学）によると、アイヌ（近世）のＤＮＡにはマレーシア、インドネシアの人と起源を同じくする縄文人と同一か類似のミトコンドリアＤＮＡの塩基配列しか見つからず、共通の母系集団に属していたことがわかる。

ＡＴＬウイルス（主に母乳感染・成人Ｔ細胞白血病、発病は稀）は相互協力性の民族にキャリアが多く、縄文人に特有で、渡来人はもっていない。一九六〇年代採取分析によると、韓国人ゼロ、中国大陸ゼロ、アイヌ四十五・二%、沖縄本島二〇〜四〇%、与那国島、石垣島三〇%で、キャリアが発見されないのが、京阪神地方、中部地方、関東地方（伊豆諸島除く）などだ。

また縄文人が、南方に起源をもちながら北に進出した証に「耳垢」の質に特徴が認められる。

ウエットタイプ（湿気型）は縄文系に認められ、メラネシア七十二・二％、台湾高砂族七十一・四％、ミクロネシア六十二・九％、琉球諸島人三十七・五％と高確率だが、特出しているのがアイヌの人々の八十六・七％で、渡来人と混血しなかった証左である。ちなみに日本人は十六・三％、新モンゴロイドはドライタイプ（乾燥型）だ。

古来日本言葉・原縄文語のルーツは「オーストロネシア語圏」（アイヌ語）に属し、インドネシア系言語と、文法面でも共通性をもつ。

台湾、フィリピン、インドネシア、マダガスカル島とともにインドネシア語圏だ。

黒潮に乗り、台湾、琉球列島、日本と「海の道」を北上した原縄文人が、丸木船（葦舟説も）で夏場の南風を背に航海したのだろう。（図４）

縄文人はヴュルム氷期の時代でも、アジア南部に住み、さしたる寒さも経験しなかったようだ。

現在、縄文語（アイヌ語）が残る地域はアイヌ民族と北海道と出雲地方、東北北部や

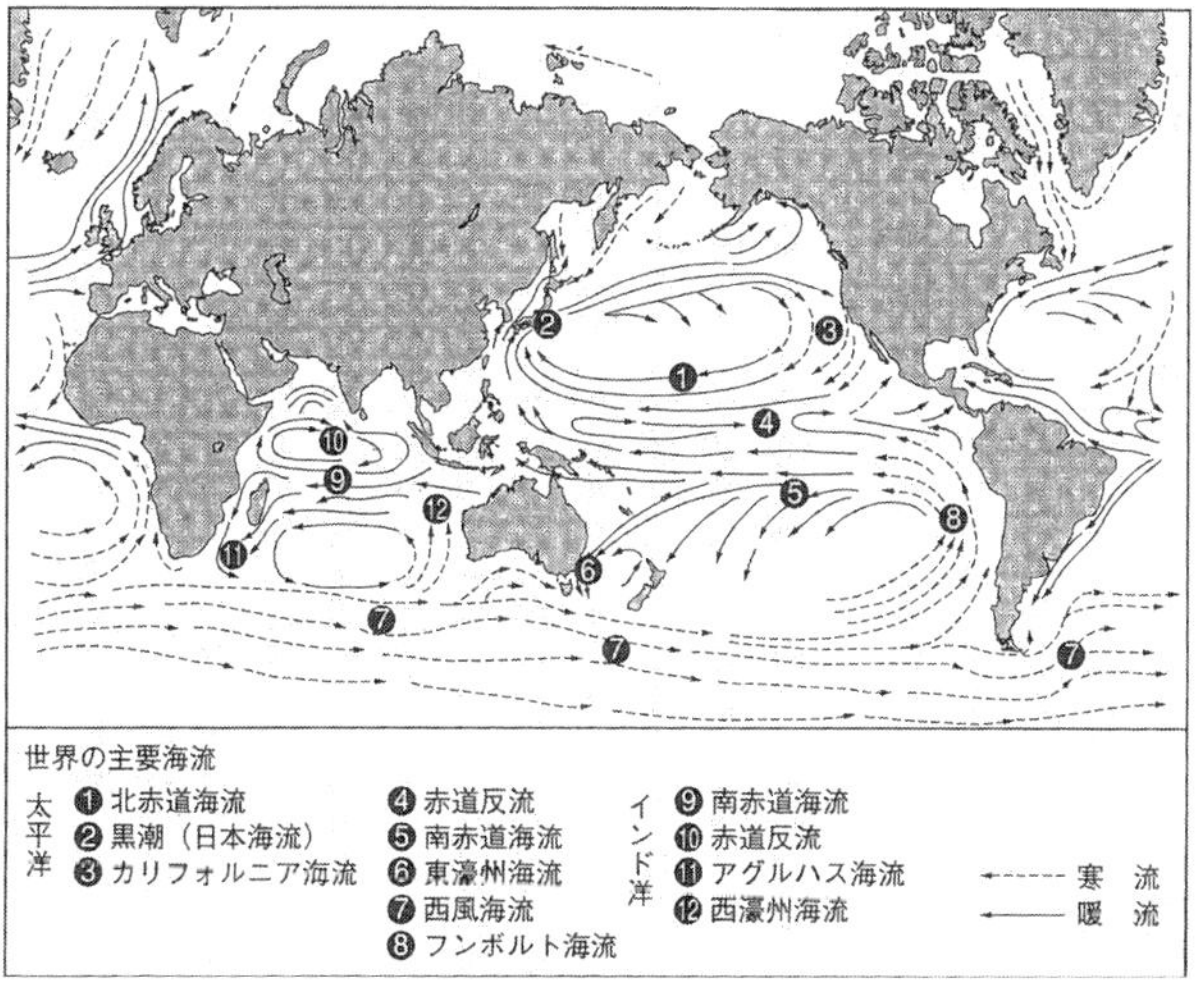

図4、世界海流図
前田良一著『縄文人はるかなる旅の謎』毎日新聞社より

茨城、鹿児島南部、奄美、宮古、八重山（石垣島以南）などで、弥生文化の侵入が遅く、弱ければ、縄文語や縄文地名は後まで残る。

　アイヌ風地名が残っているのはアイヌ人が住んでいたのではなく、縄文人の子孫の生活があったことを教えてくれるものだ。

　鈴木健氏（在野の研究者）はカミ（神・神々）とアイヌのカムイの共通性を論究する。以下、『縄文語の発掘』本文から引用する。（以下②共、出典同書）

　カミとカムイは単なる言葉の借用ではなく、深いところで強く結び合っている親縁関係に基づくもの。共通の祖先である縄文人の血を受け継いだ、両者共有の精神活動が産み出したもの、というふうに考えます。

アイヌ語と日本語、両語の間に貸借関係が生まれるよりはるか前、縄文語にカ・ム・イというような言葉あり、それを音節ごとの意味どおりに忠実に引き継いだのがアイヌ語。それに対して、渡来系の人たちは、本来の意味は無視して、言葉と、その表面だけの意味のみを受け継いだ、と見たいわけです。

①『大日本地名辞書琉球』一九〇七年初版によると、「楚辺地名」の項に——

楚辺の地名、中頭郡読谷山村にもあり、有名なる楚辺の暗川の所在地にて一村の人民専ら飲料水の供給を是に仰ぐ。楚辺暗川字楚辺に在り、巌窟の中清泉湧出す。洞口細長踞して纔に行くべし。村女前に水桶を抱きて水を汲むもの朝夕絶えず。

楚辺の名辞他にもあり、清泉を有す点において一致す。あるいは愛乃語（アイヌ語）「ソベ」と同じく泉流の義なりと曰う。また宗部（ソベ）に作る。

②バチェラー氏辞典（アイヌ・英・和辞典一八八九）によると——

Ｓｏはアイヌ語滝の義にしてＰｅ亦水の義あり。Ｓｏ－Ｐｏは水と関係ある語たるは論なし。要之、ワク・イズミに泉流の義にして、先住民族の遺跡たる城岳（※）の下には古来神霊視せられたる甘滝あり。

（※）城岳とは、那覇市楚辺一丁目。現在の城岳公園＝城岳貝塚（縄文晩期）筆者注釈。

稲作は南方植生だ

「稲作」は日本本土北部から南下したものではない。南東稲作の主作物である「熱帯ジャポニカ」とともに南方系統で、イモやアワ、サトイモ、ヤマイモにしても、南島の畑作農耕作物の多くは台湾や東南アジアの島部を起点にして、そこから伝播した作物だ。雑穀や根栽の焼畑農業が稲作以前に形成。南の島々を経て、九州や四国南部に伝来したのが縄文時代である。

「熱帯ジャポニカ」は荒地や悪条件のもとで栽培でき、棚田のような水の乏しい条件でも可能で、沖縄では古代から今日に至るまで、作季としては、秋に播種して、冬に田植え、夏に収穫するものである。

今日では、日本列島各他、北は北海道まで、縄文時代の遺構からプラントオパール（稲の核）が発見され、狩猟・採取・漁労に加え、稲作に特化してない「常畑農耕」や、北部には「天水田」（雨季は水田、乾季は畑地）の痕跡が垣間見られる。

三〇〇〇年ほど前に寒の戻りが大陸方面にあり、弥生人は稲種「温帯ジャポニカ」と鉄製農器具を携え、新天地を求めて、比較的温暖な九州方面に活路を見出した。

のちに、日本列島北東部へ。中国東北部、シベリア南部、朝鮮半島東北部から流入した。渡来人（弥生人）の侵略以前に稲作の素地があった縄文人は、やがて「水田稲作」に特化させられ、弥生人に駆逐されていく。

名古屋―富山ライン（伊勢湾）を境に、西側は、ヒマラヤ中腹、中国雲南高地、江南山地と同様の「照葉樹林圏」で、地質は貧しい。片や、東側は、中国東北部、北京、瀋陽、朝鮮半島と同じ「落葉樹林圏」で、植物の生命力が旺盛で、昆虫も多く、その昆虫を餌に鳥や獣類も自然に増え、ドングリなど木の実も豊富で、狩猟・採集・漁労民族縄文人の大半が日本東北部に集中していた。（図5）

小山修三氏（考古学）によると、四〇〇〇年前縄文時代中期の人口配分は東日本

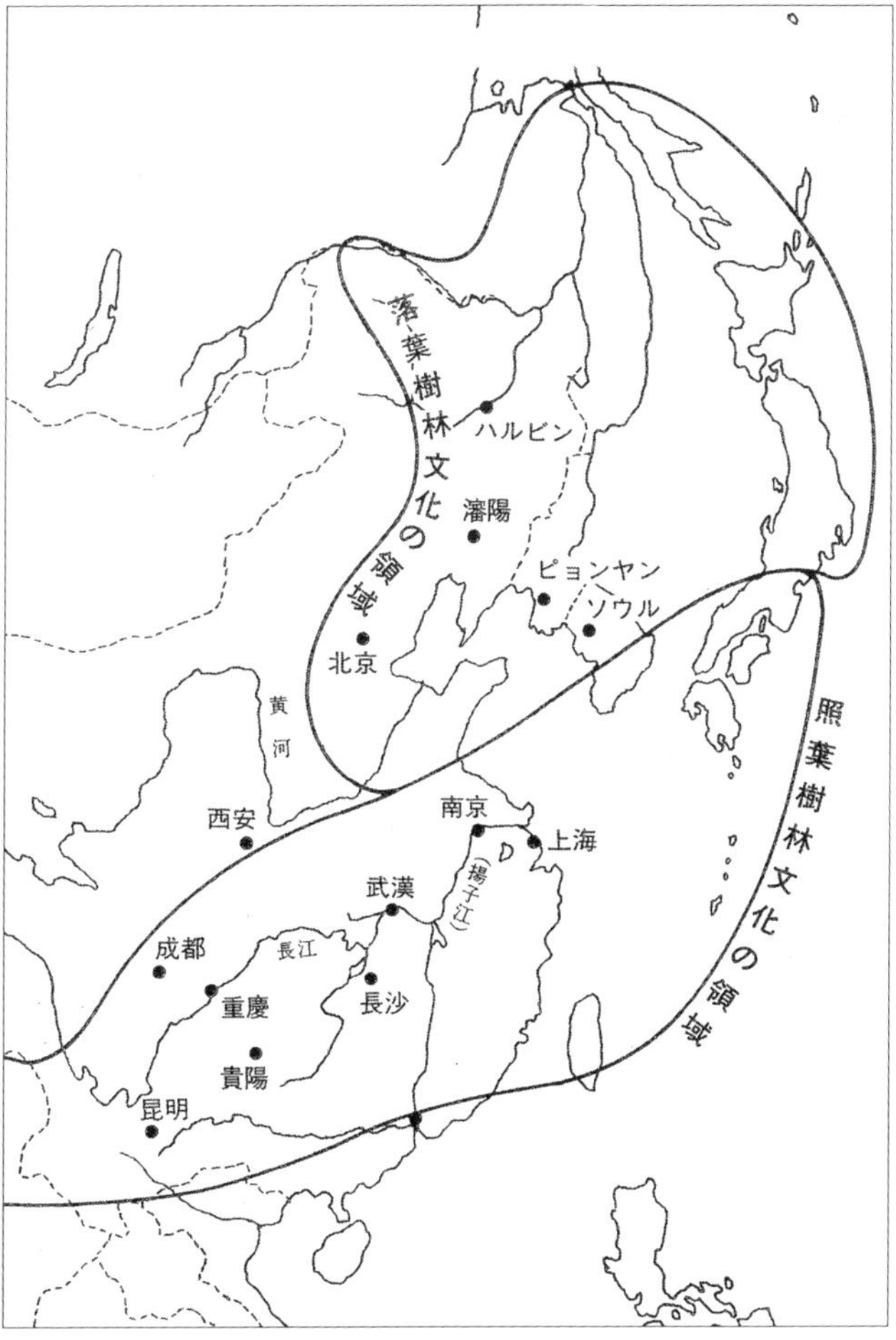

図5、照葉樹林文化圏と落葉樹林文化圏
関 祐二著『縄文人国家=出雲王朝の謎』徳間書店より

二十五万人。西日本一万人という。西日本の縄文人は貧しかった。ある意味飽和状態だった東日本の縄文人の一部が、西へ流れた。彼らは常畑や、天水田で雑穀栽培や稲作まで経験があったので、弥生人の到来にも重宝がられた。

やがて「水田稲作」が北上するわけだが、早熟の早稲の品種が必要だ。大陸種「温帯性ジャポニカ」も、本土固有の稲「熱帯性ジャポニカ」も、晩成型（夏収穫）だ。

「弥生時代」に入っても、本格的「水田稲作」への特化は、弥生時代後期に入ってからと思われ、「早生の稲」の誕生は偶発的だと考えられた。今日では、両種の稲を交配することで遺伝子の組み換えがおこり「早稲」（冬収穫）の品種ができることが解析されている。

弥生人にとって「早生の稲」は〝天の恵み〟神（稲魂）のお計らいと捉えたようで、「稲魂」に祟られれば「稲妻（天災）」に変わりうると考え、被害をもたらされないよう鎮魂が必要と、「水田」の領地裁定者・首長（天皇）の死去に伴いマツリゴトをする大規模な「墳丘墓」→「前方後円墳」といった鎮魂施設が日本全国につくられていく。

西から弥生人が進出し、防衛ライン奈良盆地は縄文人の砦で、盛んに土偶を破壊して呪術が執り行われていたようで、奈良県橿原市「橿原遺跡」から土偶が一四〇点出土した。近畿地方は三世紀～ヤマト政権下の中心地になることからも熾烈さが感じられる。

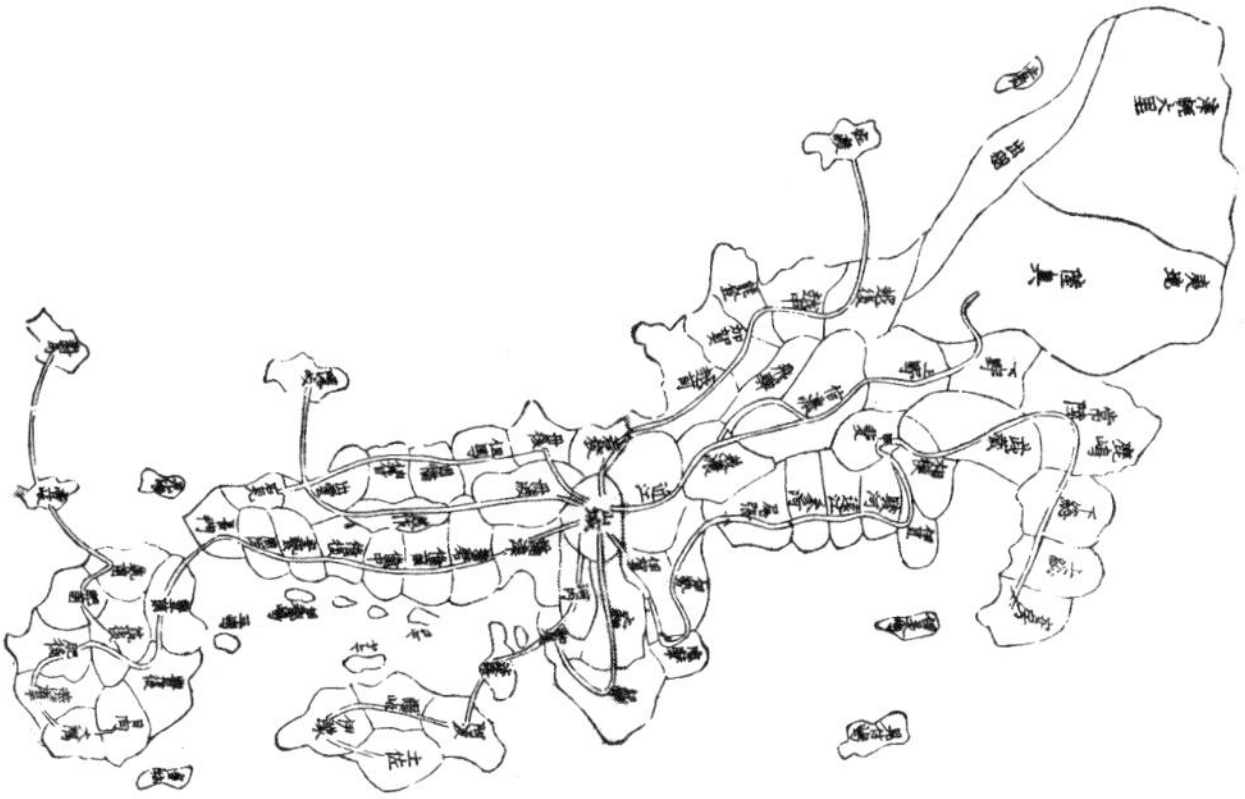

図6、『拾芥抄』所蔵「大日本図」より

北海道・日本北部では、本土が弥生、古墳時代「続縄文時代」で、八～十三世紀「擦文文化時代」↓「オホーツク文化」と、近代アイヌ文化が花開く。一六〇四年、松前藩がアイヌとの交易を独占。「場所請負制」で先住民に対する搾取。明治政府「旧土人法」を定め、土地を奪い伝統的儀礼や生活慣習を規制した。

　北海道、東北地方北部、奄美諸島以南を「異域」「異族」という国土観は中世まで普及。変形日本列島を見てとれる。（『拾芥抄』所載「大日本国図」天文十七年（一五四八）。（図6）

　琉球は、一六〇九年、薩摩藩に軍事的に侵略される。明の冊封体制の中に留めて、独立国として形を維持させながら支配を続けた。一八七九年明治政府は「琉球処分」を行い幕藩体制下の異国を「中央集権国家」の一部とする。

これにより「琉球王国」は抹消させられた。

弥生稲作特化主義は、「太閤検地体制」安土・桃山〜江戸時代の経済価値「石高＝米社会」を生み、今日の市場経済主義に収斂。山、森、海、などを舞台とした自然共生型生業をもつ縄文文化を再考する上でも、アイヌ・琉球、両子孫との文化交流が不可欠だ。

私たちは原点に立ち戻り、視座を確認したい。

縄文人に学ぶ持続可能な社会

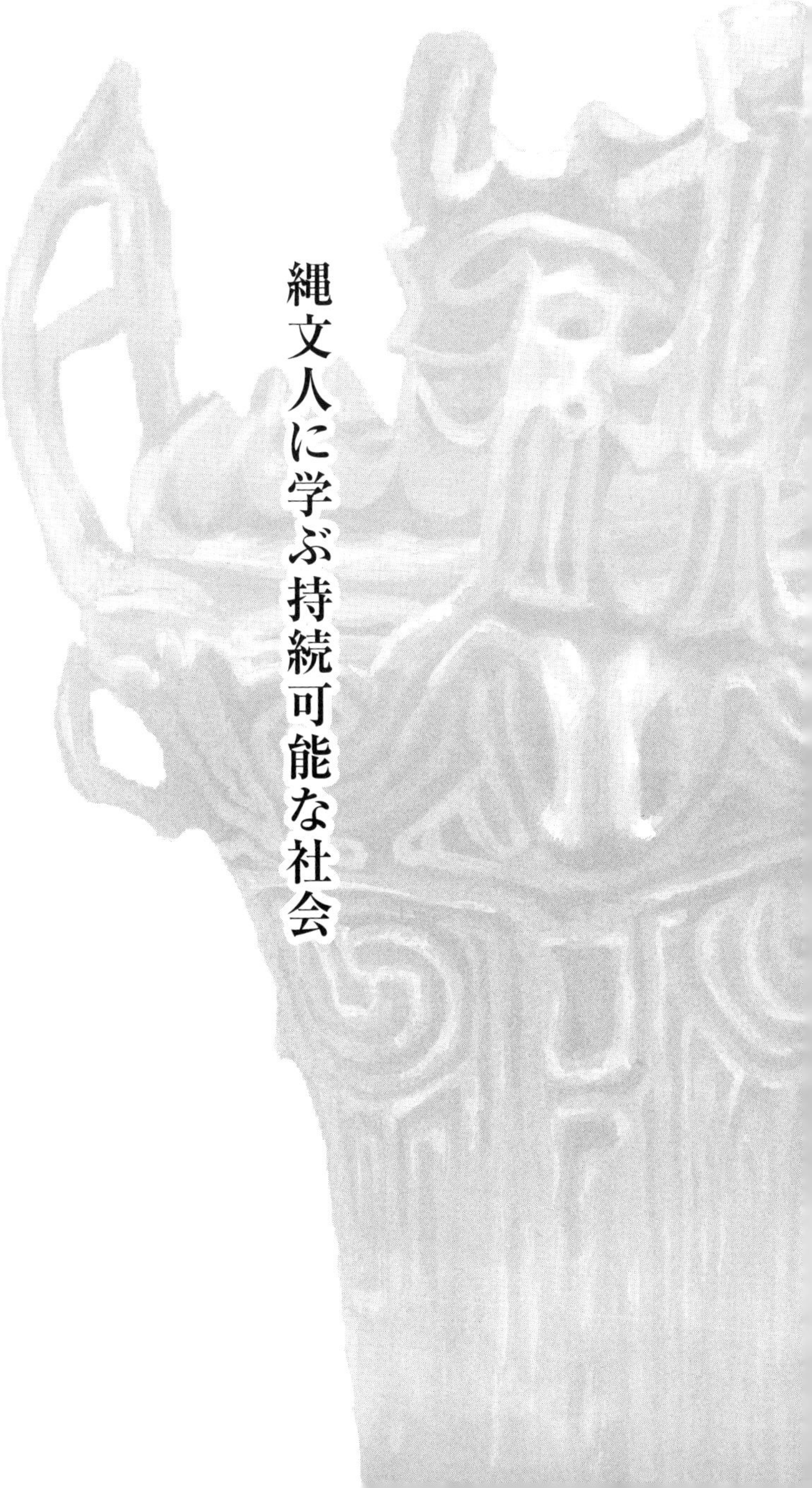

活断層列島日本

日本は縄文時代晩期にあたる三〇〇〇年ほど前まで、海岸線は、砂・礫・土・泥が推積して陸地になったり、海に戻ったりした、若く危うい脆弱な地盤だった。

さかのぼること、一億〜三〇〇〇万年前までは、大陸棚の時代で、この頃日本列島は存在せず、ユーラシア大陸の東に広がる海底プレートが沈み込み、深い海溝へと続いていた。

【大陸棚】海底から深さ二〇〇メートルまでの傾斜がゆるやかで遠浅の海の底。

三〇〇〇〜二〇〇〇万年前、ユーラシア大陸東の縁では大陸の一部が海底火山により、分裂し、新しい海が出来始めた。日本海ができたのもこの頃である。

一五〇〇〜七〇〇万年前、火山列島の時代で、活発な海底火山活動により、大量の火山噴出物や推積物が海底に厚く溜まり、上部地殻が形成されていった。地下深くではマントルから上昇してきたマグマが地殻をつくっていく。ユーラシア大陸の分裂が日本列島の骨格を形作った。（図1）

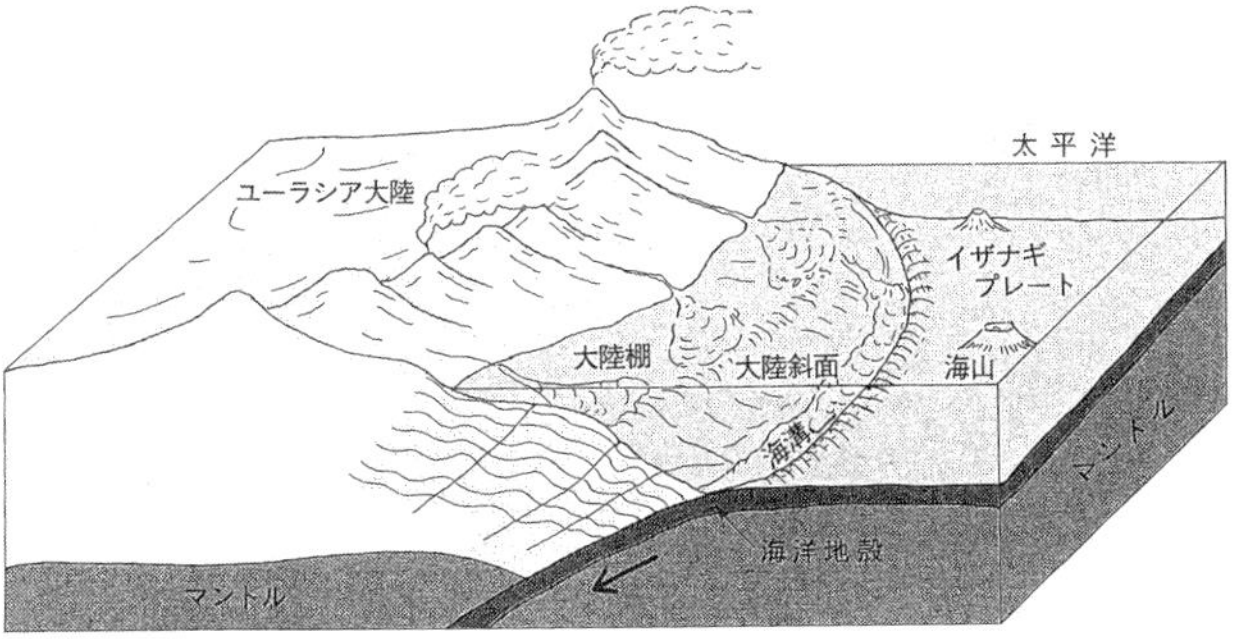

図1、大陸棚の時代
神奈川県立生命の星・地球博物館編『岩石・鉱物・地層』有隣堂より

二〇〇万年前、日本全土隆起。

一〇〇万年前、氷期と間氷期のサイクルは海水面の上下運動を繰り返した。本州中央部は太平洋から日本海に抜ける「フォッサマグナ」＝大地溝帯で、北アルプスが隆起。また、日本列島が、逆〝くの字〟に曲がっているのは、「中央構造線」という九州北部から、四国を経て、長野県まで達する世界最大級の活断層が原因だ。

七〇万年前から、火山活動活発化。

二万年前のヴュルム氷期極最寒期の海面は現在より一三〇メートル低かった。

一万年前から温暖化により、海底面が陸化。

六〇〇〇年前の縄文海進期は現在より二〜三メートル海面上昇した。栃木県内陸まで海底であったことが、付近の「貝塚」の群集やハイガイなど貝種からも検証される。

日本列島は火山と谷の奥深く入りこんだ海という風土のなかに狭い平野が存在する。明治の頃までは、日本各地で船が河口から一〇〇キロ程度までさかのぼっていて、山奥まで川が深く入り込んでいる状態だった。

諸外国で、ヨーロッパなどと比べると、比較的若い土地、シチリア島や活火山があるイタリア地中海沿岸地方でも二億年以上前の地層だ。アルプスより北の土地でも、五〜十億年以上前の地盤で、フィンランドやスウェーデンにいたっては二十億年前と、古い地層だ。

日本列島は、北海道から九州まで「火山活動」による火山溶岩や火山灰が推積し岩石となり、また「造山活動」により、地殻が陸土や山脈を生みだした。

四つのプレート「ユーラシアプレート」「北米プレート」「フィリピン海プレート」「太平洋プレート」のぶつかり合いや沈み込み、跳ね返そうとする複雑で大きな力が波打つ位置に乗っている。地震発生は、そんな力のバランスが崩れたときに起きる。(図2)

大地震帯は、太平洋を囲む一帯と中国から地中海へと抜ける一帯に集中する。他に、日本に直接的影響のない「オーストラリアプレート」「ナスカプレート」がある。

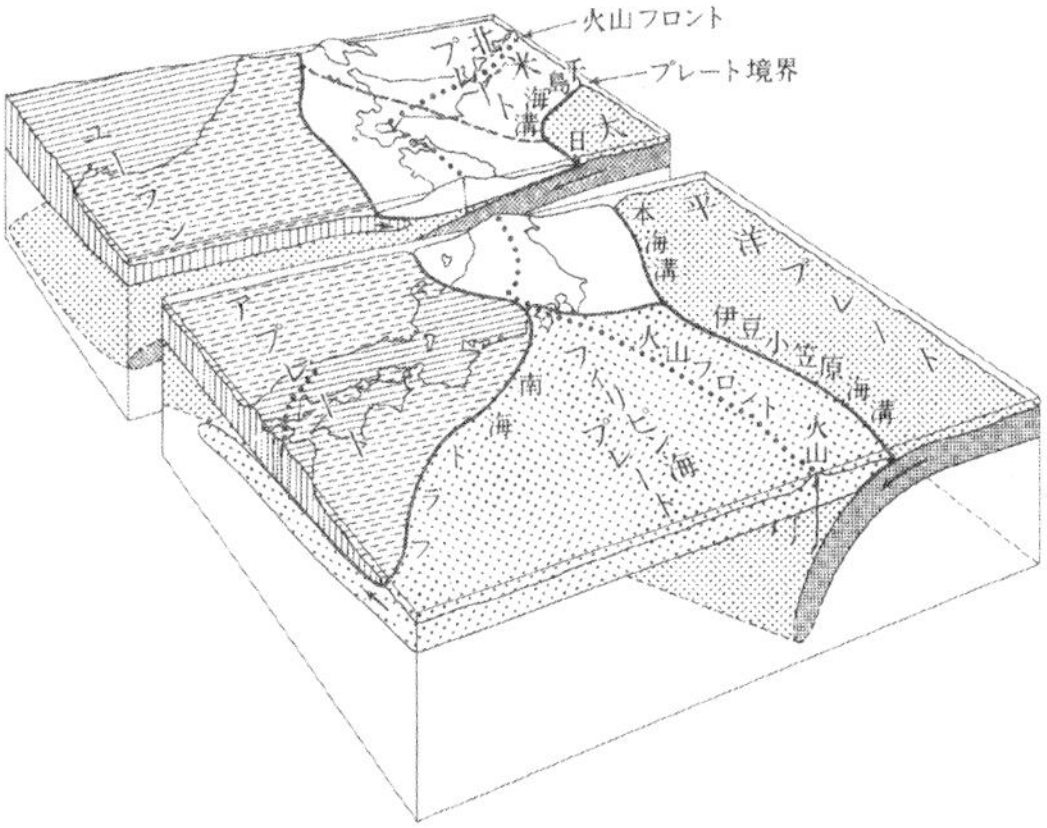

図2、プレート境界
日本第四紀学会編『百年·千年·万年後の日本の自然と人類』古今書院より

「造山活動」と「火山活動」を切り餅に例えれば、餅に十字を入れ、火種に置くと割れ目から真餅が出てきて膨らんだり破裂したりする状態だ。

激しい造山活動と四方からの押し合うプレートの圧力によって、日本の地下はマントル対流の複雑な力がかかり、多くの亀裂と断層がつくられていて今現在も活動し続けている。

日本列島は過去何千何万回という地震や火山爆発により、大地は崩れ、山は崩落、雪解け水や豪雨により、土砂は滑り落ち、河川は氾濫、沖積低地がつくられた。谷底平野・扇状地・盆地なども沖積作用でできた土地だ。

縄文時代、平地が五％しかなく。二十五％は水面だった。現在でも山林が七〇％を占める国土のうち、陸地は二十六％で四％は水面だ。

関東平野・濃尾平野・大阪平野など「平野」というものの実体は「準水面」である。昭和の初めまでは田んぼで、それ以前は海や湖沼だった。

天理教教祖・中山みき（一七九八〜一八八七年）は明治七年四月号の「おふでさき」（第四号）で、国の成り立ちを示唆。（『砂の文明・石の文明・泥の文明』松本健一著／ＰＨＰ研究所）

この世の始まり出しては泥の海、その中よりに泥鰌（どじょう）ばかりや、この泥鰌何の事と思っている、これ人間の種であるそや、このものを神が引き上げ食てしもて、だんだんだんだん守護人間と為し……。

また、『古事記』には……。

国稚く（わかく）、浮かべる脂の如くして水母（くらげ）なす漂へる時に、葦牙（あしかび）の如く萌騰（あが）る。

（『古事記』角川書店編）

日本は、国土が定まらず、水に浮かぶ油のようで、水母のようにふわふわと漂っていた頃、水辺の葦が芽吹くように、泥沼のなかの浮島の状態だったということである。

東日本大震災では、千葉・浦安の液状化現象のほか、東京・江戸川区、荒川区の一部や、横浜の内陸、横浜市港北区、新横浜（東海道新幹線）付近沿線でも地盤沈下が起きた。開発以前は、海抜ゼロメートル地帯や湿地帯だった。湖沼地域を盛土、造成した住宅地で、縄文海進期は海底にあった地域だ。

建築学者・上田篤は、一九九六年発行の『日本の都市は海からつくられた』（中央公論新社）で、東日本大震災による宮城・岩手・福島の巨大津波による甚大な被害を予見していたかのように、危うい都市構造に警鐘を鳴らしていた。

宮城県仙台の南、阿武隈川が太平洋にそそぐあたり、名取川から福島県の鵜の尾崎にかけての南北の海岸線のおよそ四〇キロは、その後脊の内陸部をふくめて、縄文時代後期から晩期にかけての遺跡が集中しているところである。そしてここにある五つの貝塚は、すべてかつての海岸線ぞいに、五キロほどの間隔をおいて、きれいにならんでいる。いっぽう、貝塚の三〇倍ほどある住居跡などの生活址の遺跡は、ほとんどが内陸部の阿武隈川流域の低地に散在しているのだ。(略)東日本の、太平洋の内海や島嶼のいりくんだ、美しい島や、半島や、海岸台地などの小空間に居をかまえたのではないか。そこはより安全で、健康で、美しく、しかも食料が豊富にある(略)。(図3)

「縄文人は知っていたのか」(朝日新聞・二〇一一年九月一四日、朝刊)

被災地、宮城県石巻市・女川町に「集団地」という変わった名のバス停を見つけた、とするコラム(鎮魂を歩く・三二)に眼が止まった。要約すると――。細い坂を上った先に隠れ里のような住宅地がある。一帯が合併前の「十三浜村」だった一九三三年に昭和三陸津波が襲い、集落の一つ相川集落では三〇数軒流され、死者も出た。その後被災世帯が共同で裏山に移住した地がいつのまにか「集団地」と呼ばれるようになった。その相川集落が今回の津波でも六〇世帯ほとんどが流された。現在ある「集団地」は造

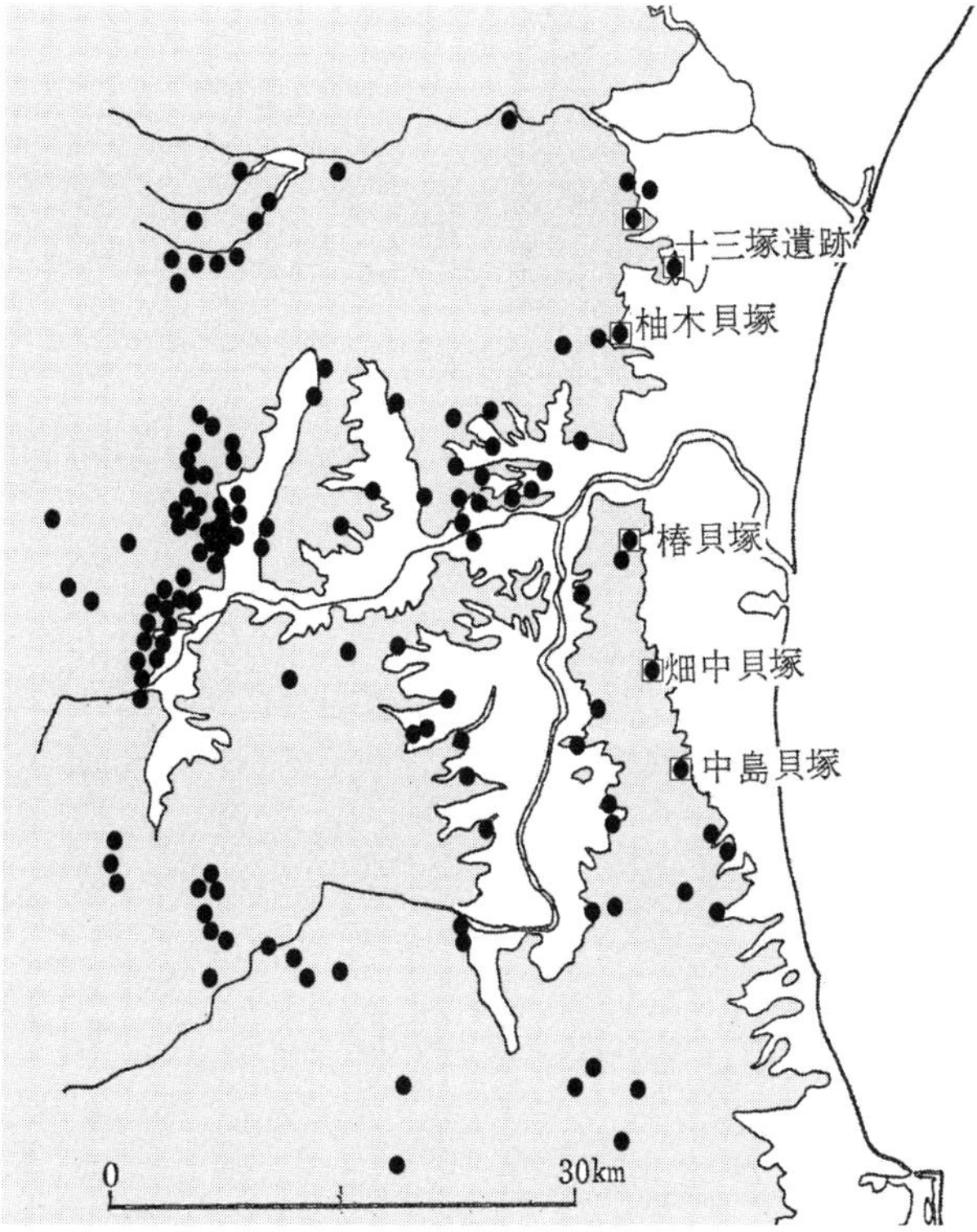

図3、宮城県の縄文時代後期の遺跡、上田篤作図

成のため山の斜面を切り崩したという。造成工事の時、貝殻や土器、石器などが大量に出た。縄文時代の貝塚だった。五歳で三陸津波にあい、「集団地」に移った中島隆男さん(八十四)は言った。「当時の人たちは、津波の危険を知っていて小高い山の中に住んでいたのじゃないか。千年単位でみたら、住むには厳しい土地なのかもしれない」

牡鹿半島の付け根にあたる女川町は、海岸線に位置する。高台すら縄文人にとって集住に相応しくない地形だったことが見て取れる。(図4)近代の集住環境の近視眼的な防災対策に危うさを感じる。

図4、鎮魂を歩く32
朝日新聞2011.9.14朝刊より

縄文人は、約一万数千年前から、温暖化により、日本列島が浮島状態にあった時代、一万年間を生きた《狩猟採集民》だ。

縄文人は一〇〇〇年周期で繰り返されてきた「大震災」を経験知として、集落を構えてきた。

縄文人最大の災害は鬼界カルデラ大震災（薩摩半島南側）だろう。七三〇〇年前の海底火山大噴火により、南部九州は壊滅。火山灰は東北・仙台まで達したほどで、西日本一帯に甚大な被害をもたらした。

一方、食糧資源豊富な、落葉広葉樹林帯である東日本の環境は、その後の中期縄文人の東高西低の人口分布にも影響を与えたと考えられる。

縄文時代中期は爛熟期で、全国で人口は二十六万人。近畿以西は九五〇〇人だ。世界の《豊かな狩猟採集民》の典型と考えられたアメリカ北海岸やカリフォルニアのインディアンについて、A・Lクローバーの研究によると、一〇〇平方キロあたり、ハイダ族で九十五・一人。チヌーク族一四八・六人。ユローク族一三二・〇人など高い例に較べても東日本縄文文化の《豊かさ》は群を抜いている。

先人の言葉に、「文明の前には森林があり、文明の後には砂漠が残る」との箴言があるが、的を射たレポートを目にした。麗澤大学国際経済学部教授・松本健一は北アフリカ、サハラ砂漠にあるベルベル人の集落での光景を先述著書で述べた。

集落じたいが砂に埋もれかかった状態なのだが、そこから一人の母親が子供を二人つれて砂漠の中に歩いてゆく。すこし後ろを歩いていったが、先には砂漠のほか、何も見えない。何をするのか、と尋ねてみたところ、砂漠に枯木を拾いに行くのだ、と言う。そういえば、母親は頭のうえに一本の杖のようなものを持っている。砂漠の中で一時間ほど待っていると、三人が帰ってきた。母親は頭のうえに薪となる枯木を一束のせ、子供たちも背中に背丈と同じほどの枯木の束を負っていた。聞けば、砂漠の「あの辺」は古代にあっては森であり、そのときの森が砂の中に埋まっているから、そこに燃料としての薪をとりに行くのだ、ということだった。そういえば、今はサハラ砂漠に接して乾いた都市になっているチュニスの一角が、かつてはカルタゴであり、そこは農業の盛んな土地であり、ライオンさえ棲んでいたのである。(略)それが二〇〇〇年へてみると、砂漠はチュニジア全土をおおい、森林はもはやどこにもなく、農業生産がどこに可能だったかと、疑問に感じられるほどである(もちろん、ローマ帝国はカルタゴを焼き尽くし、再びそこで農業ができないようにと、焦土に塩をまいたのであるが……)。

砂漠にある植物は根を張らない。二十五センチ程度の根は地中深く潜り込めず、横に張り出し、風が吹けば移動し、植物を育まない。一方、ヨーロッパも、樹齢何百年というような植物がほとんど育たず、表土が浅く、その下は石である。寒い冬が長く、牧草や小木のヒース（しゃくなげ科）しか生えない。可能な産業は牧畜である。十八世紀「産業革命」は国土を禿山にし、独立したばかりのアメリカにも「木材燃料」を求めて浸食。「土地収奪」植民地獲得が本質である。

「石炭燃料」を経て、一〇〇年ほど前、砂漠のアラブ諸国に石油が産出。二十～二十一世紀、近代国家としてのエネルギー収奪戦争となる。

世界の森林率は三〇％しかない。そのなかで、植林の歴史があるのは、オーストリア・ドイツなどの中欧と日本ぐらいで、戦後、我が国の拡大造林の四十一％は杉・松・桧が九割を占める。天然林は五十三％で、我が国は木材大量消費国だが、八割は外材だ。だがその総量は我が国で一年に自然に増える容量で、日本の木材総需要量を賄える。森林資源を減らすことなく、国内で自給できるほどある。世界の森林面積が日々減少し、毎年、九州や四国ほどの面積が砂漠化していくなか、統計上、我が国の森林資源は増え続けている。戦後の拡大造林は一〇〇〇万ヘクタール。国土の四分の一だ。

しかし、間伐されることもない放置林は森林荒廃により、鬱蒼と陽も差し込まなくなった。弱っていた木々が風雪に耐えられず、立ち枯れや、下草も枯れ、根が浮き出した地表。雨で根こそぎ流れ出た山肌……。

更に、リゾート地やゴルフ場などの乱開発は追い打ちをかけた。

木々に潤わされることもなく濁り水となり、川に流れ出る。食べ物が減り、里に降りる動物。大量に植林され、劣悪な環境で子孫を残そうと過剰に舞うスギ花粉など……。

ゴルフ場と現代縄文集落考

本来、水源林から流れ出る河川に従い平地が広がり、その先に海という自然の循環があった。昭和六十一年「環境アセスメント元年」といわれ、政府が新たな制度に移行した年だが、さかのぼること昭和五十一年には環境アセスに取り組み、「ゴルフ国賊論」を展開した島津康男教授（地球環境学・国土学）によれば、自然破壊の元凶を弥生時代にさかのぼると著書『環境アセスメント』（日本放送出版協会）で次のように断じた。

日本の歴史は、縄文期における台地での生活にはじまったといわれる。そして、稲作の導入は、洪積台地から沖積平野への進出を意味する。これが弥生期のはじまりであり、それ以後の日本の成長は水田の拡大、つまり川の水の利用効率に比例してきたといえよう。

オイルショック以降、我が国は、二酸化炭素を出さず、環境に優しいエネルギーとの触れ込みで、「原発」を強力に推進してきた。日本の原子力発電所は海水を冷却水として使うため、沿岸部の地盤の上に建設される。先述のように、我が国の海岸線は土や泥が推積してできた軟弱な地盤である。アメリカは一〇〇基を超える原発があるが、多くは東海岸で大地震の可能性のある地域は避けられている。我が国は「地震大国」であり、今回の福島第一原発大崩落は「想定内」の事故であると言っても過言でない。

哲学者・梅原猛は「東日本大震災」を総合雑誌『潮』（潮出版社、二〇一一年七月号）で、――「文明災」を乗り越え新たな文明創出のとき――と〝文明災〟を括り論じた。

私は近代文明のあり方そのものが大きな破綻を見せた出来事であったと感じている。

その近代文明のあり方の象徴こそ、原子力発電というものでなかったのか。（略）近代文明は人間を自然より優位なものとして考えてきた。人間の利益のために科学技術をもって自然界を奴隷のように支配できると考えて、それを実践してきた。（略）日本古来の文明というべき縄文文明は東北を中心に花開いた。「文明災」に曝され傷つけられたのが、そうした東北の地であったことに深い意味を感じている。近代文明の終焉を考え続けていた私は、それに代わる新しい文明の支柱として、日本思想の原理である「草木国土悉皆成仏（そうもくこくどしっかいじょうぶつ）」を考えていた。これは縄文時代から連綿と続くアニミズムでもあるし、天台本覚思想として鎌倉仏教の共通原理になった思想でもある。（略）今回の原発事故は、テロや戦争で原発が三つか四つ破壊されれば、もはや壊滅的な事態になることを証明した。安全保障という観点からも「脱原発」は世界的な方向にならざるを得ない。

【草木国土悉皆成仏】人間中心ではなく、人間は自然の一部であり、自然とともに生きることが重要であるという『天台本覚思想』（訳・梅原猛）。

いわゆる、「山里」の田園風景は、日本の原風景ではない。弥生時代以降の湿地帯浸食による水田稲作拡充によるものだ。縄文時代、流域は、集住の拠点だった。森林生態系では、栄養塩類の大部分は樹木内に留まり、無機化され、土壌に放出され、根から吸収し、再び樹木に循環する。

人間の手が加わってない自然地では、多数の動植物が存在し、山地中腹の、稲作に特化していない「水田」は降雨をのみ込み、ゆっくり排水し、洪水や土壌浸食を軽減する。雑草や塩類の集積を防ぎ、有機物や栄養塩類の分解や放出、多様な生物の生息の場となる。しかし、開墾し、ある種の作物を栽培すると、生態系に大きな影響を与える。農耕地では、化学肥料の大量投入により、栄養塩類は土壌に存在し、降雨や灌漑により地下水に流亡。

【肥料三要素】窒素、リン、カリウム。

特に、施肥された窒素は半分だけ作物に吸収、循環性が少ない。吸収されない窒素は硝酸イオン（NO_3^-）になって地下水などに蓄積。高濃度の硝酸イオンは生理障害をひきおこす。また、リンやカリウムはＤＮＡの骨格となり、生物の子孫に不可欠だが、それら化学肥料の多量肥施は、アオコや赤潮の異常発生となり、都市周辺の河川を酸欠にする。

東日本大震災被災地の仮設住宅の居住期間は二年余りである。住宅地高台構想に政府は山林所有者から土地買い上げを計画しているようだが、これ以上の山林破壊は、自然崩落に繋がり、土砂流出など、自然災害を更に増大させる。
バブル期を頂点とする「ゴルフ場造成」の総面積は国内の平均的ゴルフ場・十八ホールとして一〇〇ヘクタール（東京ドームの二〇倍に相当）、累計設置数は二千数百ヶ所を超え、東京都の面積に匹敵する。
早稲田大学・政治思想史、松本礼二教授は「朝日新聞」（二〇一一年六月八日付朝刊―私の視点―）で、「復興の街づくり」と題し、ゴルフ場の転用を提言した。

ゴルフ場は山間部にあっても車でのアクセスはよく、電気、水道の基本設備も整っている。緑に固まれた広い空間をうまく設計すれば、病院や学校などを備えた住宅地に生まれ変わる。立地条件によっては農業や畜産、工業施設に転用できるかもしれない。建設に伴う自然破壊も、造成時に手を入れているため、必要最小限で済む。

氏は結びとして、「日本にゴルフ好きが多いのは承知しているが、生活に余裕のある人たちの週末の楽しみという印象はぬぐえない。生活手段の一切を奪われた被災者が快適に暮らせる場所に転用することで、社会の連帯につながるプロジェクトにできないものだろうか」と、オーナーやゴルフ愛好家の義侠心に訴える。

ゴルフは英国・スコットランドで誕生したスポーツ。冬が雨季で、寒風吹きすさび、一日のうちに雨が降ったり、みぞれになったり陽が射したりと目まぐるしく、夏は高緯度のため日射時間は少なく、日本のような森林は育たない厳しい自然環境だ。低木と草原の半乾燥地帯で、牛や羊の食べられる柔らかい草も生えにくく痩せた土地には、雑草も生えず、芝しか生えない。イギリスではゴルフ以外に利用用途がなかった。イギリスの芝にあたるのは日本ではアシやヨシの茂る湿地帯だ。

日本のように、林や畑が適した大地にゴルフ場の目的で芝を植えることは、生態系的にも不適切である。日本のゴルフ場の芝生の維持管理が大変なことは雑草が繁茂することである。それ自体芝に適さない証しである。故に、芝の病害虫と雑草防除対策が欠かせず、季節ごと侵入する雑草が異なり、様々な除草剤が散布され、更に、病害虫防除のため、殺虫剤や殺菌剤も大量に散布される。

ゴルフ場の農薬使用実態は公表されないが、本間慎氏（農学博士、取得東京大学）の入手した埼玉県の調査によれば、一ヶ所あたり、平均使用量、殺菌剤七・五種類七五六キログラム。殺虫剤三・三種類、九三七キログラム。除草剤六・二種類、九五四キログラム。合計二六四七キログラム。（他に、人体に有害な着色剤、マラカイトグリーンやカーランドも使用）県全体で一一三種類、一六九トンにのぼる。

ゴルフ場が山林と決定的に違うのは貯水機能がないこと。ゴルフ場は雨が降ってもぬからずプレイができるよう構造的に排水が極めてよくつくられ、そこで使用されている農薬が降雨時には多量に、河川へ流出し、一部は下水も汚染する。

芝は「緑地」ではない。上から見れば、地肌が丸見えだ。赤外線写真で見れば、グリーンのコースはバンカーの温度とも、クラブハウスの駐車場と大差ない。草丈二〇センチ以下では気温を下げる効果はない。

日本全土の山間部にゴルフ場を張り巡らせたことも「降れば洪水、降らねば干ばつ」の大きな一因だ。

ＩＰＣＣ「気候変動に関する政府間パネル」によると「温暖化」の原因を「二酸化炭素」に結論付けた。

しかし、そんなＩＰＣＣの考え方に疑義を唱える研究者は多く、デンマークの科学者、ヘンリク・スベンスマークは「太陽活動と宇宙線の関係から混暖化が進んでいる」との説を発表。過去五十年間の温暖化は自然起源であって、人為起源ではないとする。（図5）丸山茂徳・東京工業大学院理学部教授（地球惑星科学）は自著で次のように論じた。

地面、海、大気を暖めた光は、再び宇宙に向かって放射される。これが赤外線による放射効果である。赤外線となって放射されるエネルギーのうち約五〇％が大気に吸収されるのだが、この原因となっているのが温室効果ガスなのだ。ただし、温室効果ガスの九〇％が水蒸気である。一般的に地球温暖化の原因とされている二酸化炭素は残りの一〇％を占めるにすぎない。（略）二酸化炭素の大気中の濃度が二倍になっても、そこで気温が上昇するのは一・五℃だが、水蒸気が二倍になると八℃も上昇する。つまり、温室効果ガスの実態はほとんど水蒸気である。（図6）

地球温暖化に優しくクリーンなエネルギーと喧伝された「原発」一基の稼働時、標準的発電量は一〇〇万キロワット。原子炉のなかでは三〇〇万キロワットの熱を生みだすが、熱エネルギーの三分の一しか電気にならない。海水を一秒間に約七〇トン原子力発電所の中に引き込み、それを「沸騰」させ水蒸気で発電し残りの三分の二が「温排水」＝

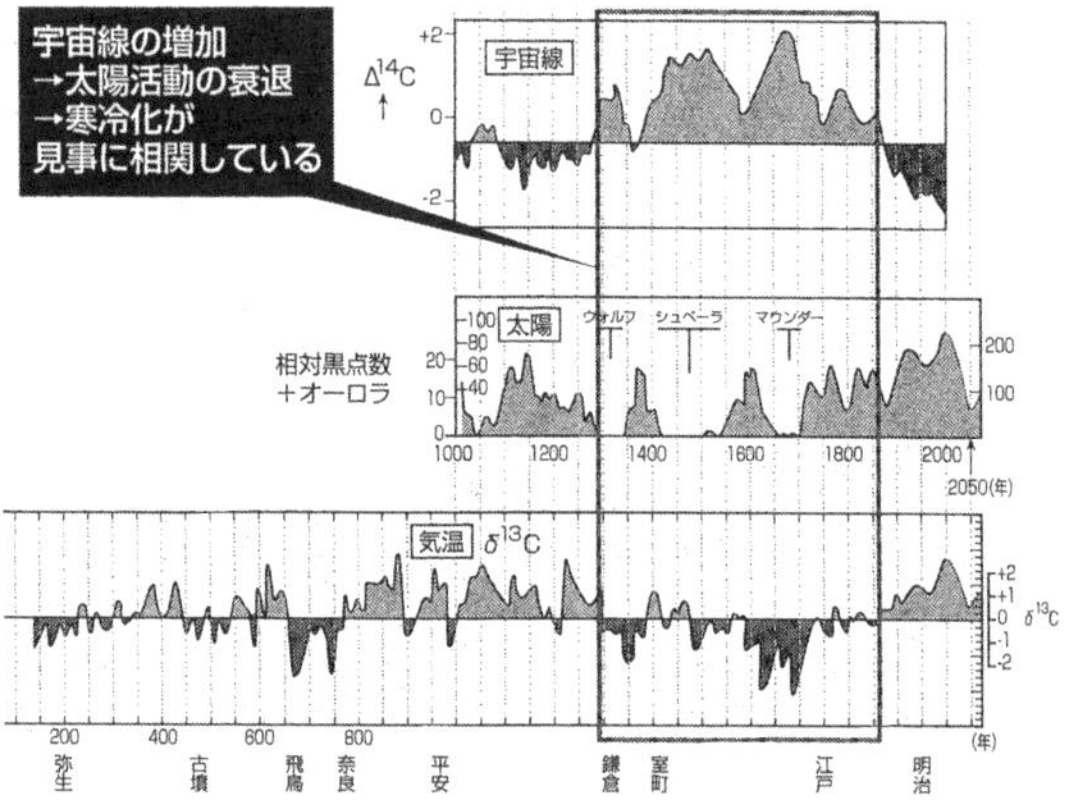

［上中図］Svensmark, H. 1998, Phys. Rev. Lett., 81
［下図］名古屋大学・北川浩之教授のデータ（1995）より

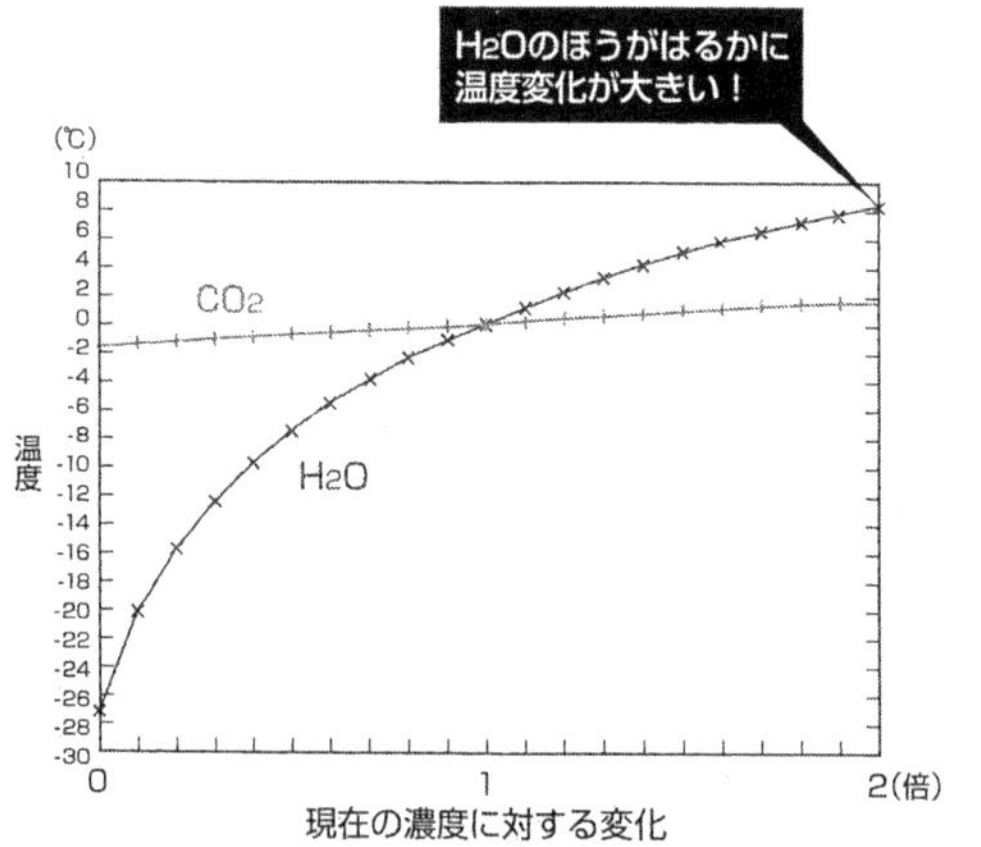

東京工業大学・生駒大洋助教の理論計算より

上図5、宇宙船、太陽、気温
下図6、CO_2とH_2O
丸山茂徳著『科学者の9割は「地球温暖化」CO_2犯人説はウソだと知っている』宝島社より

「低濃度放射能汚染水」として熱水が海に捨てられる。原発付近の海水温は七℃高く、熱がすぐに拡散されない「ホットスポット」として熱の塊が浮遊。大陸棚の生物に甚大な影響を与える。浅瀬にいる魚の卵や稚魚は二〜三℃という温度差でも生息できない。通常稼働時でさえ、環境への負荷が著しく大きいのだ。

いわんや、福島第一原発大崩落の放射能汚染「残余のリスク」は子孫末代まで禍根を残した。

「二酸化炭素悪玉論」の裏返しに「原発」は推進されてきた。偽善と言わざるを得ない。小学校で学ぶ、「植物の原理」を整理してみたい。

植物に太陽があたると、植物の体内で光合成し、空気中の二酸化炭素を炭素（C）と酸素（O）に分解する。植物は生育するため炭素を取り込み、酸素を空気中に放出する。植物にとって二酸化炭素は資源なのだ。

恐竜が君臨していた「中世代」の二酸化炭素は今日（〇・〇四％）の五倍あり、南極も温暖で、豊かな自然があったことが、化石資料からも明らかで、歴史史上最も生物が多様だった。

二酸化炭素欠乏と動植物の死

エネルギー・食糧問題の根本的解決、社会の持続可能性を実現するには、一定水準に人口を維持することが望ましい。

食糧自給率を考えれば、日本に一億二六〇〇万人も住んでいること自体おかしい。耕作地面積は減り続け、国内自給率は四〇％余りだ。来るべき少子高齢化社会を憂えても、「支えられる側」の人口が「支える側」を越える過渡期を回避できるものではない。なぜなら、人間は生殖能力がなくなって何十年も生存できる特異な生物であり、性なのだ。《個体数の増加に関する法則》によれば、生物の個体数は、食糧や生活環境が一定条件の元ではじめ勢いよく増えるが、徐々に緩やかになり、やがて止まる、とする。

現代の未婚率・晩婚化・出産率低下は将来へ子孫を送り込むことに不安を感じている無意識層の発顕だ。

二〇〇六年十二月、国立社会保障・人口問題研究所の出産率と死亡率から推計。一つの試算として二〇五〇年の日本人の人口はピーク時より約三八〇〇万少ない八九九三万人になるという。計算上は、自給率一〇〇％になる。二一〇五年には更に半減し、四四五九万人も減るという参考値も発表された。

スローフードな社会は、老人力を核とした地域コミュニティ「縄文型社会」＝「共同参画社会」が望まれる。「独居老人の孤独死」や「老老介護」などは核家族社会の悲劇であり、都市型・近代社会の負の遺産だ。

人口が減少する二十一世紀後半は、石油も底をつく。ある程度の食糧自給率を保ち、地の利に即した低階層集合住宅や地域集約型自然エネルギーを開発できれば、緑豊かな、環境負荷の少ない国づくりが可能であろう。

動物由来の化石燃料「石油」は油田が限定されるが、植物由来の「石炭」埋蔵地域は世界中に広がっている。良質の石油限度量は二兆バレル程度で三十年ほどだが、石炭は一〇〇兆バレル以上あり、「石炭寿命」は一五〇〇〜二〇〇〇年間分余りある。（図7）「石油」の枯渇問題はプラスチック、医薬品、工業製品がつくれなくなることであるが、「石炭」の利用も将来的には技術革新で可能であり、研究開発が求められる。

人々は縄文人の視座に還り、資源を取り過ぎることなく、化石燃料依存の、現代版「狩猟・採集民」として、植物由来の石炭へと比重を移しつつ、天然ガス、地熱など限られ

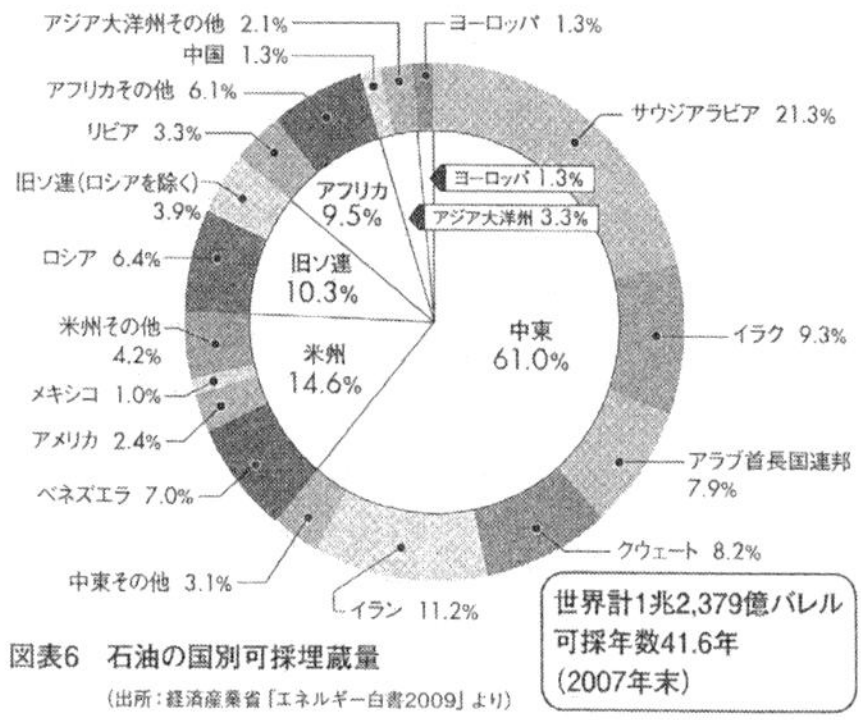

図表6 石油の国別可採埋蔵量
（出所：経済産業省「エネルギー白書2009」より）

図7、石油の国別可採埋蔵量
武田邦彦著『偽善エネルギー』幻冬社より

た資源と共生したい。しかし、「二酸化炭素悪玉論」がこのまま加速すれば、最悪の事態を招きかねない。先述の丸山茂徳氏の警告をもって結びとする。

二酸化炭素は植物にとってかけがいのない食糧であり、動物はその上に成り立っている。したがって、二酸化炭素がなくなれば、その時は我々動物の絶滅を意味する。大気に残された二酸化炭素は、すでにあとわずか三八〇ppmなのである。

石油枯渇を待たずして人類は滅亡する……。

草木国土悉皆成仏　合掌。

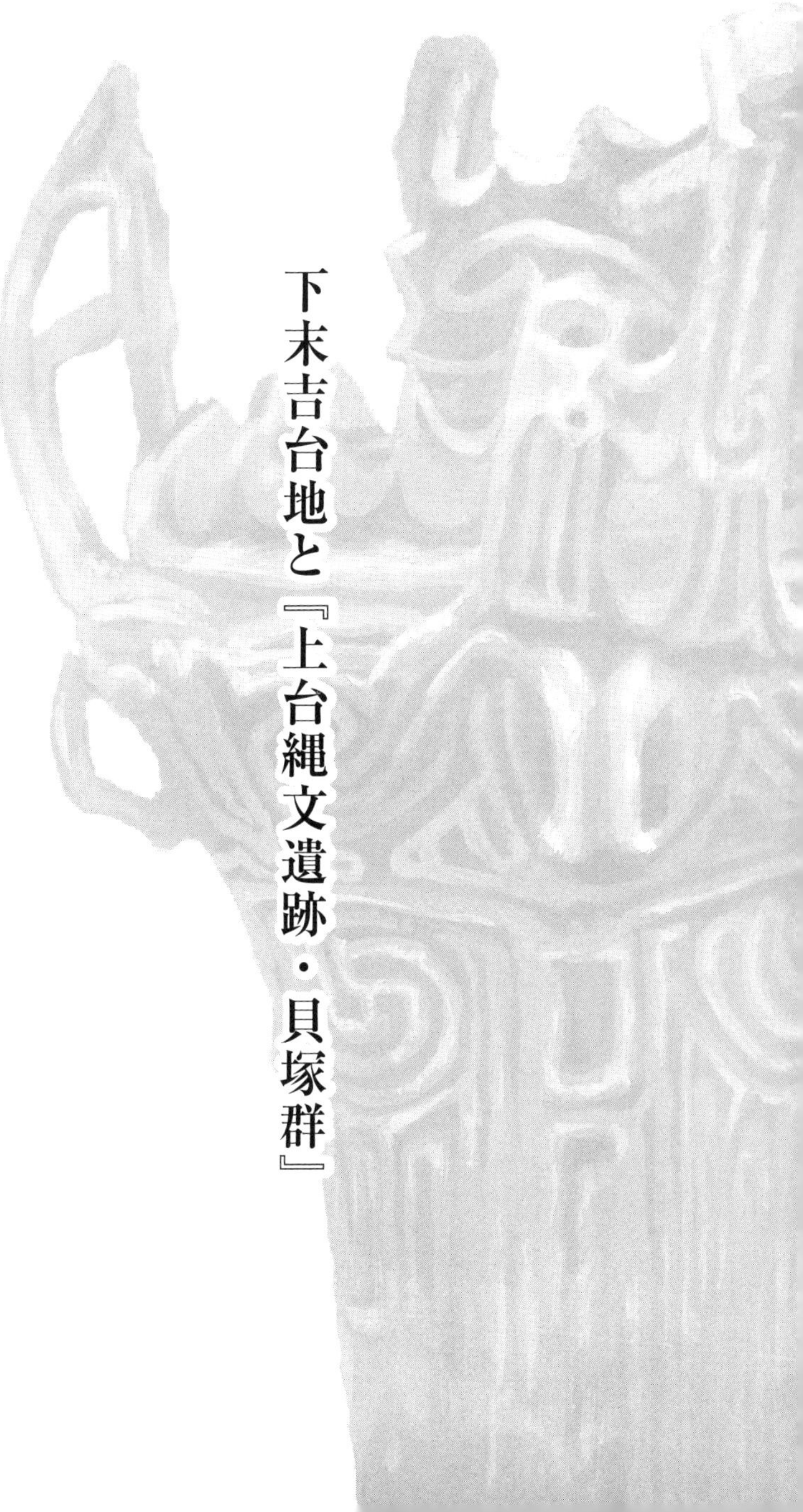

下末吉台地と『上台縄文遺跡・貝塚群』

ミネラル豊富な下末吉台地

横浜、山手・本牧あたりから、川崎市北面、溝ノ口・子母口を突端に、横浜市の東西ほぼ中央に伸びる、第三京浜沿い東側、標高四〇～五〇メートル級の比較的頂上が平面で、舌状型が連なる広い台地を「下末吉台地」という。（図1）

名称の「下末吉」は「貝化石の産地」の模式地（一九三〇年、東京大学、大塚弥之助）、神奈川県横浜市鶴見区下末吉の町名を冠された。多摩丘陵と多摩川低地に挟まれるように位置し、鶴見川、帷子川などでへだてられているが、元はひと続きの台地である。

下末吉台地は、武蔵野台地や多摩丘陵に比べ、一般に馴染みが薄いが、地質学や考古学の研究者の間では古くから知られる台地だ。

本稿では、模式地、下末吉の所在地「鶴見区」の地形・風土と、本稿の主題「上台遺跡・貝塚群」を考察したい。「夕月やどせる三つ池暮れて、古代の祖先の夢路もやすか……」（歌人・佐佐木信綱『末吉中学校歌』）と歌われる景勝地。すり鉢型の県立三ツ池公園（桜の名所百選。総面積二十九・七ヘクタール三つの池の周囲一・四キロ）は、西北部

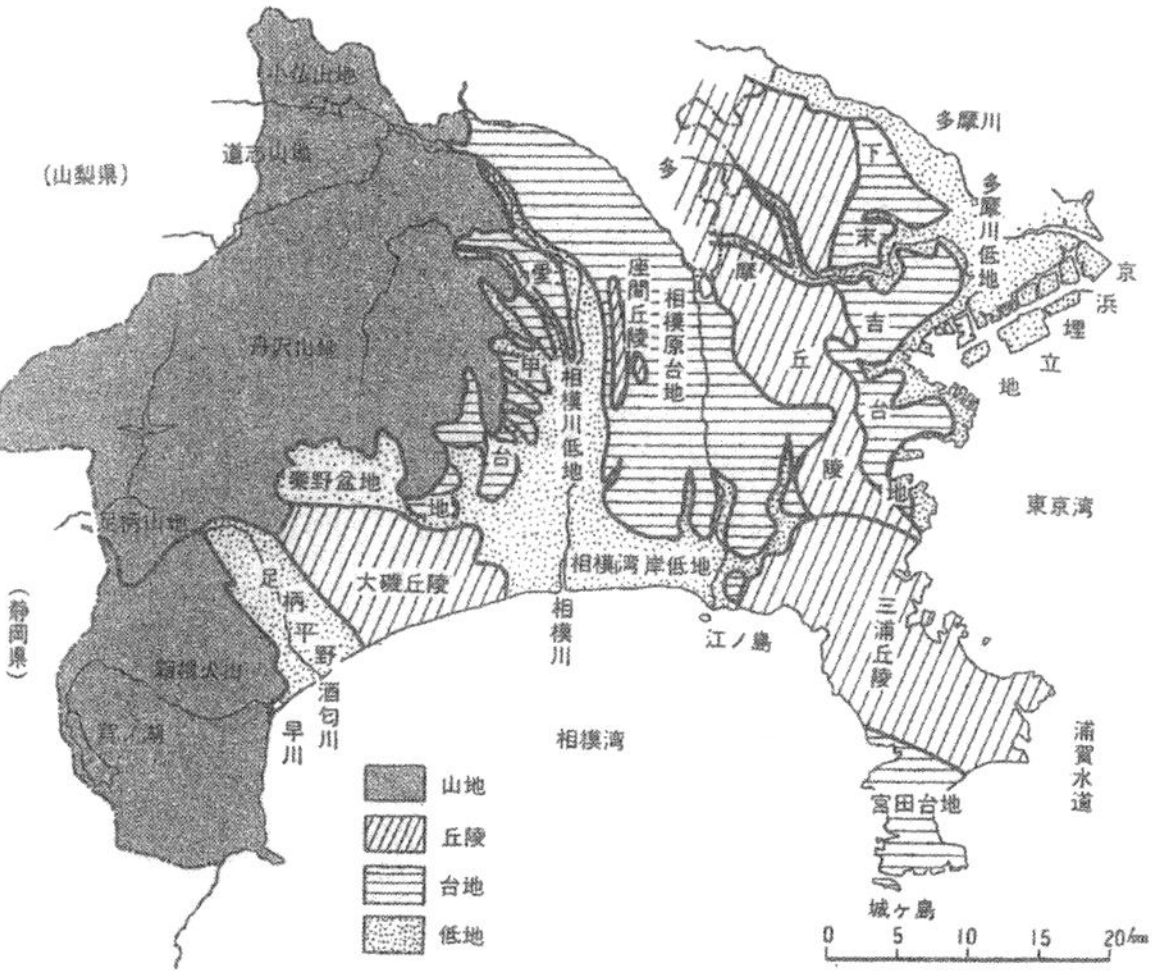

図1、神奈川の地形分布図
トラベルメイツ社編『神奈川県風土記』かなと出版より

の山の手にあり、その一片北面は比較的なだらかな低地に傾き、環状二号線を挟み、北西面は港北区に広がる台地に囲まれる。西、南、東、三方の淵は台地が広がり、正門を望む高台に、「下末吉五～六丁目」「上末吉一丁目」（周囲の実測四・四キロ）の「上台遺跡・貝塚群」を位置する。

鶴見区総面積（三二・三八〇平方キロ。直線距離南北九・二キロ。東西八・一五キロ）は、横浜市の北東部に位置し、多摩丘陵の西南端で、鶴見川（一級河川）を跨ぎ、北端～東端、川崎市。西端、港北区。西部域神奈川区。南部域東京湾である。

南部から東北部一帯は鶴見川によって形成された「沖積低地」と区内面積の一割を超える「埋立て地域」で、ＪＲ鶴見駅西口駅前から西北に広がる台地が本稿のモデルとなる。谷戸や開析が多い地形であり、完新世の縄文時代は暖かくなり始め、海水が谷間に入り込み、周りが海に囲まれた地域であった。鶴見高台区域は、『横浜市文化財地図』を規範に作成された「鶴見歴史の会」の分布図にも見られるように、縄文遺跡・貝塚は区内台地に広がり、各時代文化遺産の五十六％を占めている。（図２）（ちなみに弥生時代は十五％。詳細は後述する）今日より、海面が四〇メートルほど低かった約一万二〇〇〇年前の縄文草創期から後期までの遺跡が、長遠な時空を超え、密度の濃い時代存在が、出土土器形式からも垣間見られ、神奈川県下でも屈指の地形といわれている。

区内の代表的な時代区分土器型式と遺跡・貝塚をあげてみる。無文土器・山形押型文「江戸山遺跡」（草創期～前期）田戸下層式「獅子ケ谷貝塚」（前期）茅山式「安養寺貝塚」（同）花積下層式（同）諸磯式ａ式、同ｂ式「風早台遺跡」、「長塚原貝塚」（～後半）勝坂式・加曾利Ｅ式「荒立貝塚」、「別所貝塚」（中期～後半）称名寺式・堀ノ内式・加曾利Ｂ式「寺谷貝塚」、「北台貝塚」（後期）。

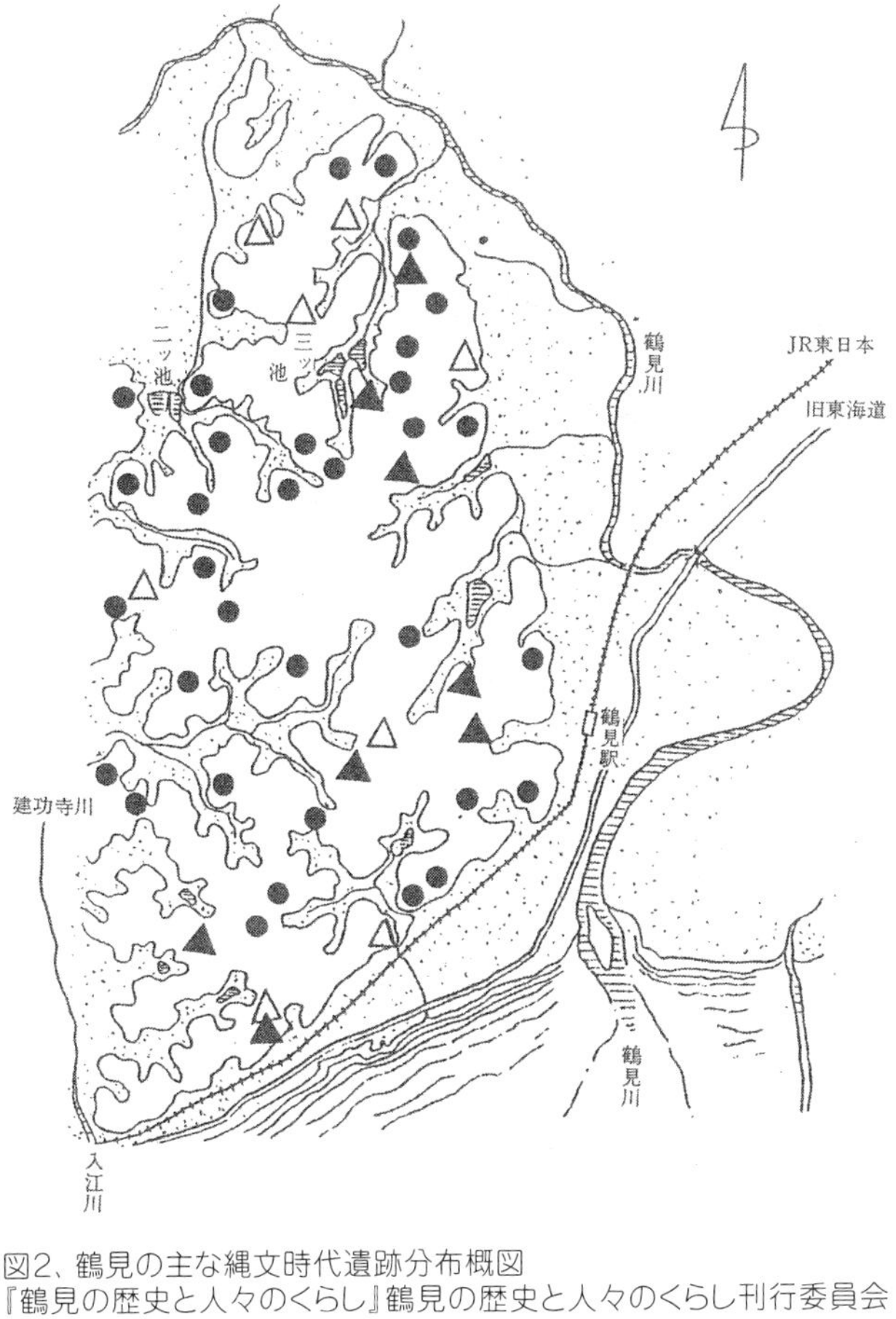

図2、鶴見の主な縄文時代遺跡分布概図
『鶴見の歴史と人々のくらし』鶴見の歴史と人々のくらし刊行委員会より

温暖化と五穀豊穣

さて、本稿の主眼「上台遺跡・貝塚群」は、縄文早期〜後期までが凝縮された地域である。暖かくなり始めた一万年ほど前は、海面が徐々に上がり、樹木が生い茂ってきた頃で、大型獣は絶滅、小型の獣の狩猟が中心となったようだ。「石鏃」は狩猟の主役で、全期を通じ周囲の遺跡から必ず出てくるが、この時期は特に多い。早期「不老台遺跡」（下末吉五丁目八）は現在、古い住宅地（九〇×三〇メートル）である。国道一号線沿いからの三方向急斜面に囲まれた南面で、定住地とは思われず、現在のキャンプ場のように季節によって利用されたと考えられる。鹿の骨や角でつくった銛、釣針や錘、黒曜石の欠片も出土されたことから、周囲のリアス式海岸で、丸木舟も利用した物々交換も推測される。上部平坦面隣接（同、九）（二〇〇×一〇〇メートル）も、同遺跡の中期前半の集落と見られている（勝坂土器出土）。対面は後述する「小仙塚貝塚遺跡」である。この地域の縄文時代前期末〜中期の「縄文海進」時（六〇〇〇年前から、ほぼ五五〇〇年前）は、汀線が一〇〇キロ以上に及び、海面も二〜三メートル高くなり、横浜港を河口とする「大岡川、帷子川、鶴見川、多摩川」流域では海水が裾の奥まで浸食。神奈川県の厚木、横浜市緑区・川和、川崎市・溝ノ口あたりまで海に覆われた。全国的に温暖期で今日より平均気温が三・四〜四・四度高かった。前期（六〇〇〇年前）「宝泉寺台貝塚」（下末吉六丁目十五）は、現在某大手企業の独身寮（五〇×五〇メートル）で、関山式と黒浜式土器。黒浜式方形竪穴住居址一例発掘。平成十九年、地主が隣接の畑を耕している最中、「埋甕土器」が出土。土器が逆さま状態で乳児の遺骨を覆い、消炭が詰まっていたそうだ。畑の前面は舌状形の断崖で、淵の住宅間を、急階段が二百数段続く。階段急斜面上からは川崎市に給水している配水管が埋め込まれ、川崎市水道局「末吉配水所」の敷地（二〇〇×五〇メートル）がある。前期の「上台北遺跡」址だ。二〇メートルほど北面の真福寺境内に「不動尊貝塚」（上末吉一丁目十五）がある。黒浜式土器他が出土した。中期「上台遺跡」は、「配水所」の西側対面「市立・末吉中学」（下末吉六丁目十三）の敷地（一五〇×八〇メートル）にあり、昭和二十九年暮、教師と生徒により、加曾利E期竪穴住居址一基が完掘され、プール脇の当時場所に遺構が保管されている。（写真1）。校庭の規模からも集落の数は七〜八軒と推考される。また、床面には土器が沈められ、炉としていた痕跡も見られた。隣接する住宅と畑地（同、十二）（一一〇×一〇〇メートル）及び（同、

写真1(右)、上台遺跡址(一基完堀)竪穴住居
写真2(左)、上台遺跡出土の「勝坂式土器」横浜市立末吉中学所蔵

六)(六〇×六〇メートル)は、住居表示は離れているが地続きの、同遺跡であり、勝坂式土器と、平土器や打製石斧、石皿、磨石、石棒なども出土。(写真2)

「上台遺跡」から三〇メートルほど南に後期貝塚で県下でも最大規模という「小仙塚貝塚遺跡」(六丁目二・県立鶴見高校敷地・二〇〇×一五〇メートル・標高四十三メートル)がある。昭和十年、池上啓介、大給伊、土抜仲雄などにより調査。昭和四十一年、校舎改築に伴い、県教育委員会調査。貝塚は大小十数基で、総距離一〇〇メートル。中央が広場を残し、環状に分布する馬蹄型遺跡である。(図3)

堀ノ内Ⅱ式、加曾利BⅠ式土器主体。皿型土器、注口土器、双口土器。また、猪や瓢箪を模った土器。土偶、耳飾り、土鈴。石器も、従来の石斧に加え、石剣やペンダント、石笛などから「♪もりのこかげでドンジャラホ

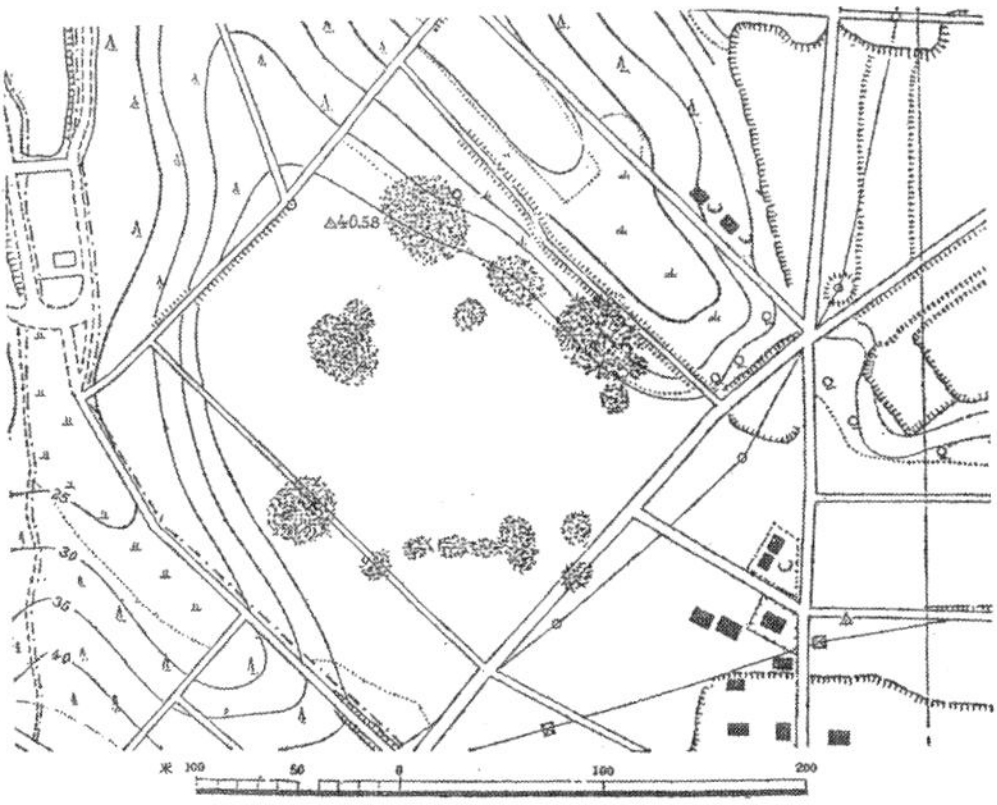

図3、小仙塚貝塚古墳遺跡
『鶴見の史跡と伝説』鶴見歴史の会より

イ…」ハレの日の〝森の縄文人〟に思いを馳せる。貝類は、ハマグリ、シオフキが主体のようだ。

三ツ池公園正門に向かい左肩斜面の校庭裏から、地下水で流されてきた貝殻を見つけられる。(写真3)

公園正門両肩斜面上は「♪ドングリころころドンブリコ……」でお馴染み、縄文人冬季の主食コナラ、マテバシイ、スダジイやクヌギ＝ブナ科他、多種の自生雑木林で真昼でも薄暗い。正門右手斜面は「三ツ池貝塚」(詳細不明)跡で、河川敷で目にするブルーシート小屋生活者(縄文人末裔か?)が三十数年前から代替りして住んでいる。時代はさかのぼるが、中期「宮ノ下池端遺跡」(下末吉五丁目

写真3、小仙塚貝塚遺跡露面

二十）は、横浜市教育委員会編『横浜市文化財地図』に「別所池端」と記されていたが、地区名「別所」は現住所より一キロ離れており、当住所に面した畦道沿いに「末吉大池」が昭和十二年頃まで存在していたことから、遺跡名称を筆者訂正した。

更新世の時代（二〇〇〜一万年前）温暖期と寒冷期を繰り返し、十五万年前から十二万五〇〇〇年前の「下末吉海進」（前後期を「下末吉間氷期」と呼称）により、現在の「下末吉台地」（神奈川県北東部）の地域は千葉上総から広がってきた「古東京湾」に覆われ、海水が谷を浸食、陸地を削り、平坦な海底となり、海面は四〇メートル上昇した。

【下末吉海進】全世界的な温暖化により海面が上昇。世界各地に下末吉層に相当する海進堆積物は存在した（笠間友博／神奈川県立生命の星・地球博物館）。

【下末吉間氷期】（西欧の呼称・エーミアン間氷期）最寒氷期（三万年以降）も氷河に覆われなかった日本列島には、過去十万年以上の堆積層が存在する。安田喜憲・東北大学教授による福井県水月湖・三方湖のボーリング調査によって、花粉分析の結果、連続した堆積物が採取。世界の温帯・熱帯地域の一年単位の環境変化が明白となった。厚い大陸氷床に覆われた欧米の大地には年輪を堆積する湖や湿原も少なく、植物も育たない。「エーミヤン間氷期」(下末吉間氷期)はスカンジナビア地域に限定する意向が国際的学会の評価である。

五十万年前から、ほぼ同時期にかけ、「古箱根噴火」、その後、徐々に「海退」。五～二万年前のヴュルム氷期中、最寒冷の二万年前は海面が今日よりも一〇〇～一二〇メートル低く、朝鮮半島や樺太を通ってアジア大陸東岸とも陸続きとなり大陸から動物が入ってきた頃だ。

標高四〇～五〇メートルの「下末吉台地」の地表上部、十五～二〇メートルは「関東ローム層」で、古箱根火山灰が推積した「風成層」と古富士火山によるもので、下部、層厚六～七メートルの粘土質が十三万年前の箱根カルデラ噴火(南面噴火)時の「下末吉ローム層」だ。その下方「下末吉面」は、「下末吉海進」の時の推積と波蝕でできた、「下末吉層」(砂礫)含海凄貝化石層と「下末吉貝層」(砂層)含海凄動物化石層から成り、基面に高低差が少ないことから、二〇メートル前後を「下末吉面」と規定した。「貝化石の産地」の「模式地」は、国道一号線(京浜第二国道)と県道溝の口線の交わる「下末吉交差点」にほど近い国道沿い、宮ノ下交差点裏通りすぐ、高台上り口にある曹洞宗・宝泉寺裏山露頭である（現在造成宅地化）。（出典：『日本大百科全書』小学館）

ミネラルを大量に含む地層と、貝塚に覆われた台地はアルカリ質を保ち、貝殻は朽ちることなく、周囲からは氷河時代（二～三万年前）に生息していたナウマン象の骨三体。また、縄文集落跡付近からは犬の骨、数十体。貝塚に混ざり猪、鹿などの獣や鳥、魚の鱗を残した骨、腕に貝輪をはめた人骨も出土。昭和十二年にはほぼ完全な仰臥屈葬人骨発見。

東京都町田市、上小田中を源流とする鶴見川は、「縄文海進」時、緑区川和町（東名・青葉ＩＣ付近）まで海の入り江であり、多摩川低地よりも低く、曲がりくねっていて、「海退」時は多摩川の土砂も鶴見川に押し流され、横浜港の北端、内陸に二〇キロの汀線「古鶴見湾」も埋め尽くされしまった。（図４）

「弥生小海退」時、周囲は沖積低地の湿地帯であり、弥生人は水田稲作を企てるも、鶴見川は満潮時、海水が港北区小机（新横浜・日産スタジアム）あたりまで逆流、水田に流れ込み塩害で稲は育たなかった。

万策尽きた「弥生人」は「棚田」に活路を見つけたようで、前期の縄文集落址に住居を

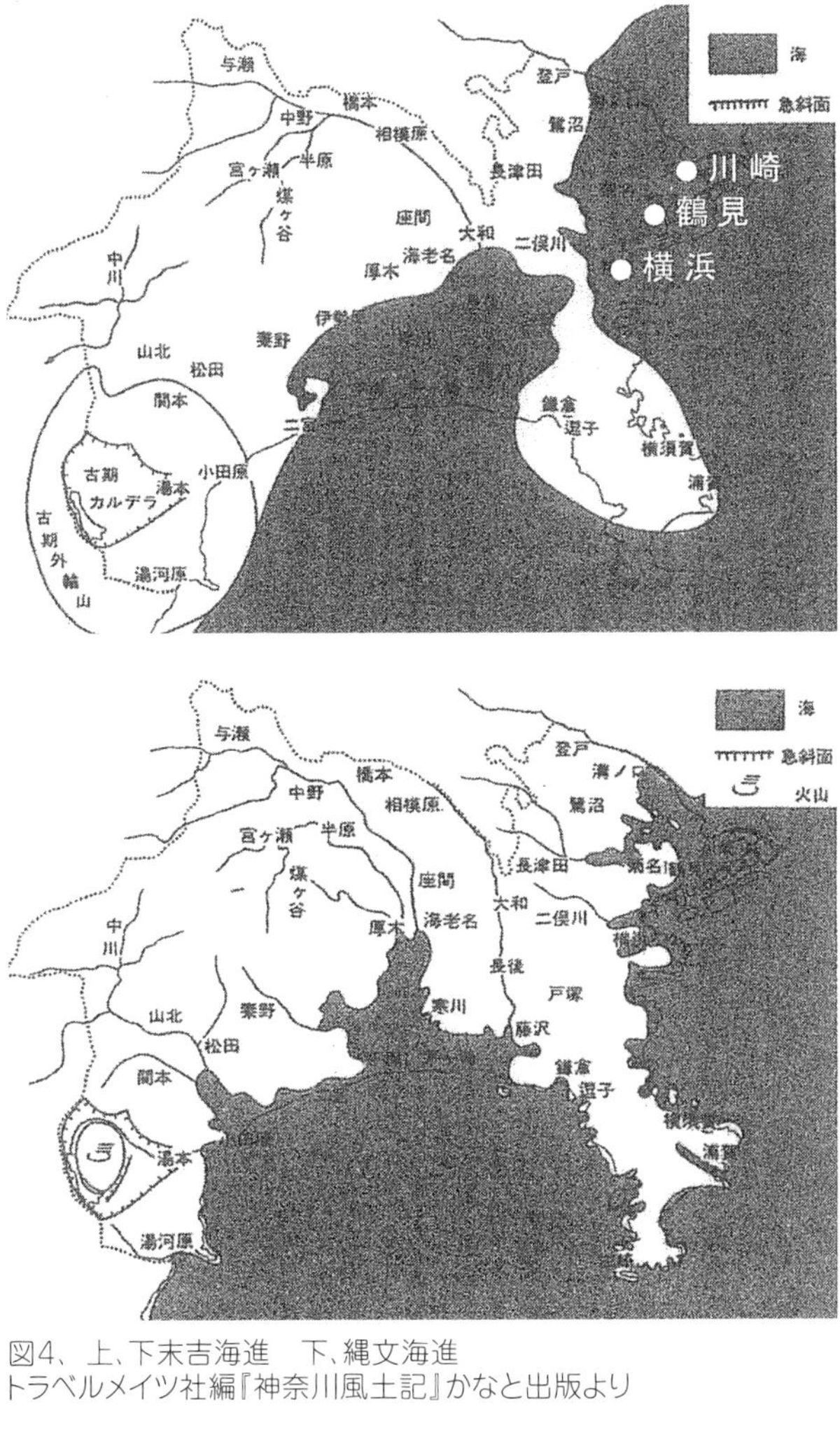

図4、上、下末吉海進　下、縄文海進
トラベルメイツ社編『神奈川風土記』かなと出版より

図5、人面付土器（著者スケッチ）

溝で囲む「環濠集落」をつくった。「上台北遺跡」である。昭和三十三年出土された「人面付土器」の表情には、土偶に見る母性と豊穣を尊んだ人間性は見られず、権力者の虚飾さえ見られるのは筆者の思い込みだろうか。（図5）

付記

明治五年新橋～横浜間鉄道開通。鶴見駅舎完成。広大な沖積層の浅瀬「古鶴見湾」埋め立て始まる。大正二年本格的第一次事業着工。その後「京浜工業地帯」の一大拠点となる。昭和十一年東京オリンピック昭和十五年開催決定。マラソンコース折り返し地点、鶴見・曹洞宗大本山總持寺参門に伴い、同年十月国道一号線（第二京浜）開通起工式。昭和十二年七月七日、日中戦争突入により政府オリンピック中止決定。

戦後、区外からの大量流入も重なり、早くからの市街地化が進み、国内最大規模の地層解析が進み、遺跡など文化財の発掘調査も同時に行われたが、当時保護意識は希薄で、報告書と一部を除き大半の遺構が放置、整地された。

近未来、温暖化による海面上昇が懸念される。将来的提案だが、分散保管されている区内縄文遺産と再開発時の発掘遺構・遺跡など、文化遺産保護の観点からも、高台施設保管が望ましいと考え、「下末吉台地」「模式地」「上台遺跡・貝塚」一角に「縄文資料館」及び、三ツ池公園再生計画の一環に「復元・縄文竪穴住居」の設置を切望するものである。

おわりに――各論考の解説――

本書の表題「ジャズる縄文人」は、本稿各論考に通底する「縄文人」と、その存在意義を哲学的に肉迫した。縄文時代とアメリカ南部でのジャズの誕生といった国土と時空を超え共通する人類学のキーワードは「ヒップスター」という人間類型にあった。縄文人はその生存環境渦中エゴイズムを冥伏しえていた。弥生時代に入り環境の極変は人心を荒廃させ、貪《とん》・瞋《じん》・痴《ち》の三毒が顕在化、自助共助の一万年を超える縄文時代は終焉した。以降二千年超えの末世となった。唯一の救いがジャズの誕生だ。「ジャズマン」＝「ヒップスター」＝「縄文人」の構造を検証する。

『インディオの縄文人』は、本編集録の「三内丸山村の消えた日」のモチーフの一つで、一五〇〇年続いた大集落の終焉と、中期後葉～後期に姿をくらました日本各地の縄文人の行方、その後を考察した。

三内丸山の「栗栽培」への特化は環境変化に耐えられなかった。集住維持に不可欠な食農の集約化は歴史時代を通して、気候変化に伴う飢餓を生んだ。縄文人の警鐘でもあったのだ。

正月の「餅」は日本の伝統ではない。弥生以降、稲作栽培の献上品として重んじられた。縄文人は潮の満ち引きや生死を司るものとして、月を尊び、里芋を分身として用いた。今日でも一部地方では正月に餅を一切食べず、「芋正月」で祝う。お雑煮のなかに入れる「里芋」はそんな縄文人の名残だ。「縄文信仰序曲」では、更に、大和朝廷の尊んだ、豊作の象徴、太陽神アマテラス（天照大神）と対比する形で、月神ツクヨミノミコト（月読尊）＝縄文を説いた。文字のなかった縄文時代の伝達は口伝であり、土偶や土器の形象や文様である。と同時に、以心伝心や感受性の幅は広く、空気の振動＝音楽としての自然現象を精霊と捉え、慰しや恐れと同時に祈り崇めた。

「縄文人の源流と琉球・アイヌ考」では、ＤＮＡや人骨学などから、今日でも日本列島南端・北端に縄文人の血筋が色濃く残っていることから「縄文人はどこから来たか」を論証。３・１１以降振り返らざるを得なかった、自然災害や日本国土の成り立ちを考え、一万数千年の縄文時代とその環境から、私たちの未来の生き方を模索し、「縄文人に学ぶ持続可能な社会」にまとめた。

「下末吉台地と『上台縄文遺跡・貝塚群』」は、地元で「縄文ワークショップ」を開催するにあたり、図書館、地区センター、地域の学識経験者や御長老などに通い、歴史や地層・風土を学び、自ら検証したものだ。「下末吉台地を縄文人は何故好んだのか？」横浜市埋蔵文化財の山田光洋さんの問いだった。結論はあまりにも身近にあった。国道一号線川崎～横浜の中間「下末吉交差点」一～二分の沖積低地との境、洪積台地斜面が、模式地（命名地）だった。横浜・山手～溝ノ口・子母口に結ばれる高台だ。水文地質学の島村雅英さんによると、標高四〇～五〇メートルある下末吉台地の約半分、地表部上層は赤土で、その下部六～七メートルは粘土層が特徴である。表土を四〇～五〇センチメートルも掘れば湧き水が出てくるという。

地形のわかる幅五メートルほどの掘削面に案内してもらった。赤土と粘土層の境目から水が流れ出ていた。粘土層で浸透圧が少なく、地表に溜るとのことだ。

この地域は、縄文時代、浮島状態にあり、海産物も豊富で、常緑樹のシイ科・落葉樹のナラ科のドングリも多種類収穫される中緯度にあたる。

台地頂上が広く平らなのも特徴で、約半分下の二〇メートルは十二万五〇〇〇年前の「下末吉海進」時、海底にあった礫や砂地「下末吉層」である。その上に火山灰が降り積もったのだ。

縄文集住に好条件の「下末吉台地」は、関東ローム四重層で、古い順に、多摩・下末吉・武蔵野・立川の一つだが、三地域に比べ知る人は少ない。地元の語り部として、後世に伝えゆく。

謝辞

微力な一石から発足した「縄文学ワークショップ」は予想だにしなかった大きな波紋の広がりとなり、一九九九年十年目の結実となりました。これは偏に、神奈川県立・三ツ池公園を活用する会事務局長、佐々木美智子女史の全面的ご支援の賜物と御礼申し上げます。縄文学活動のうねりは各方面から認知されるまでになりました。本著は活動の一区切りとしてまとめさせていただいたものです。

本論考は、書き下し『ジャズる縄文人』を除き、国際縄文協会・会報誌「縄文」に掲載された原稿を一部加筆、訂正したものであり、重複箇所は御容赦下さい。初期段階から原稿依頼いただきました国際縄文学協会・元事務局長、西垣内哲也氏にお礼申し上げます。また、「論考集」上梓の推挙を度々下さいました同協会前理事長・故西垣内堅佑先生にこの度の発刊のご報告と謝辞を申し上げます。

小著をまとめるにあたり、諸先学の多くの論著を参考にさせていただきました。最後に本書編集の労をお執りいただいた宮帯出版社、内舘朋生出版部長に深く感謝申しあげます。

●参考文献（順不同）

「ジャズる縄文人」

相倉久人『ジャズからの出発』音楽之友社　一九七三
岩浪洋三『モダンジャズの世界』荒地出版社　一九六九
油井正一『ジャズの歴史物語』スイングジャーナル社　一九七三
ラングストン・ヒューズ『ジャズの本』晶文社　一九九八
ベン・ラトリフ／川嶋文丸訳『私は聖者になりたい・ジョン・コルトレーン』スペースシャワーネットワーク　二〇〇八
ミシェル・マーサー／新井崇嗣訳『フットプリンツ・評伝ウェイン・ショーター』潮出版社　二〇〇六
ハービー・ハンコック／池田大作／ウェイン・ショーター『ジャズと仏法、そして人生を語る』毎日新聞社　二〇一三
W・E・Bデュボイズ『黒人のたましい』岩波書店　一九九二
本田創造『アメリカ黒人の歴史』岩波書店　一九六四
猿谷　要『アメリカ黒人解放史』二玄社　一九八一
アレックス・ヘイリー／安岡章太郎・松田銑訳『ルーツ』社会思想社　一九七七
悠　雅彦『ぼくのジャズアメリカ』音楽之友社　一九七九

相倉久人『ジャズからの挨拶』音楽之友社　一九六八
相倉久人『現代ジャズの視点』東亜音楽社　一九六七
相倉久人『ジャズは死んだか』音楽之友社　一九七七
原田和典『コルトレーンを聴け！』ロコモーションパブリッシング　二〇〇五
アシュリー・カーン／川嶋文丸訳『ジョン・コルトレーン「至上の愛」の真実』音楽之友社　二〇〇二
上坂　昇『キング牧師とマルコムX』講談社　一九九四
浜本武雄訳『完訳・マルコムX自伝、上下』中央公論新社　二〇〇二
C・V・ウッドワード／清水博・長田豊臣・有賀貞訳『アメリカ人種差別の歴史』福村出版　一九九八
吉田ルイ子『ハーレムの熱い日々』講談社　一九七九
吉田ルイ子『ぼくの肌は黒い』ポプラ社　一九七八
大谷康夫『アメリカ黒人と公民権法の歴史』明石書店　二〇〇二
G・P・ローウイック『日没から夜明けまで―アメリカ黒人奴隷制の社会史』刀水書房　一九八六
ジェームス・M・バーグマン『黒人差別とアメリカ公民権運動』集英社　二〇〇七
ジェームス・M・バーグマン／森本豊富訳『アメリカ黒人の歴史』NHKブックス　二〇一一
上杉　忍『アメリカ黒人の歴史』中央公論新社　二〇一三
黒崎　真『アメリカ黒人とキリスト教―葛藤の歴史とスピリチュアリティの諸相』神田外語大学出版局　二〇一五
バリー・バークレー／相倉久人訳『現代ジャズの奔流』音楽之友社　一九七六
ローザ・パークス／高橋朋子訳『ローザ・パークスの青春対話』潮出版社　一九九八

フランシス・ニュートン／山田進一訳『抗議としてのジャズ（上・下）』合同出版　一九六八
間　章『非時と廃墟そして鏡』イザラ書房　一九八八
星川　淳『魂の民主主義　北米先住民・アメリカ建国・日本国憲法』築地書館　二〇〇五
ドナルド・A・グリンデ・jr　星川淳訳『アメリカ建国とイロコイ民主制』みすず書房　二〇〇六
ポーラ・アンダーウッド　星川淳訳『一万年の旅路　ネイティブアメリカンの口承史』翔泳社　一九九八
ポーラ・アンダーウッド　星川淳訳『知恵の三つ編み』徳間書店　一九九八
石ノ森章太郎『「歯」が語る縄文人の一生　縄文時代Ⅱ　マンガ日本の歴史コレクション3古代の謎編』中央公論新社　二〇〇八
石ノ森章太郎『日本の歴史43　縄文時代の始まり』中央公論新社　一九九三

「インディオの縄文人」

C・カズー／S・スコットJr／志水一夫訳『超古代史の真相』東京書籍　一九八七
テレビ東京編『海を越えた縄文人』祥伝社　一九九九
関　俊彦『カリフォルニア先住民の文化領域』六一書房　二〇〇七
仁科剛平『超古代史通になる本』オーエス出版社　一九九八
青山和夫『古代メソアメリカ文明』講談社　二〇〇七
能登　健『列島の考古学　縄文時代』河出書房新社　二〇一一
前田良一『縄文人はるかなる旅の謎』毎日新聞社　二〇〇三

ケント・ナーバーン／澤西康史訳『太陽が輝く天にかけて…』中央アート出版社　二〇〇二
藤永　茂『アメリカ・インディアン悲史』朝日新聞出版　一九七二
阿部珠理『アメリカ先住民の精神世界』日本放送出版協会　一九九四
野村達朗『「民族」で読むアメリカ』講談社　一九九二
南　研子『アマゾン、インディオからの伝言』ほんの木　二〇〇〇
染田秀藤『ラテンアメリカ史』世界思想社　一九八九
『大航海時代叢書Ｉ　航海の記録』岩波書店　一九六五
古代文明研究会編『世界の超古代文明ＦＩＬＥ』学習研究社　二〇一〇
エリザベス・エリオット／川端光生・樋口章代訳『ジャングルの殉教者』いのちのことば社　二〇二〇
エベリン・ウォルフソン／北山耕平訳『アメリカ・インディアンに学ぶ子育ての原点』アスペクト　二〇〇三
高橋　均／網野徹哉『世界の歴史18ラテンアメリカ文明の興亡』中央公論新社　一九九七
宗　左近『縄文物語』新潮社　一九九七
橋口尚武編著『海を渡った縄文人』小学館　一九九九
ふるさと文化研究会編『縄文文化の魅力』東銀座出版社　二〇一一
小山修三『縄文時代—コンピュター考古学による復元』中央公論社　一九八四
ジョン・ターク／森夏樹訳『縄文人は太平洋を渡ったか』青土社　二〇〇六
山田孝子『アイヌの世界観』講談社　一九九四
エリコ・ロウ『アメリカ・インディアンの書物よりも賢い言葉』扶桑社　一九九九

河合隼雄『ナバホへの旅　たましいの風景』朝日新聞社　二〇〇二
関野吉晴『グレートジャーニー』筑摩書房　二〇〇三
高野　潤『マチュピチュ―天空の聖殿』中央公論新社　二〇〇九
加藤諦三『死ぬことが人生の終わりではないインディアンの生きかた』ニッポン放送　二〇〇一
大井邦明『ピラミッド神殿発掘記』朝日新聞社　一九八五
横須賀孝弘『インディアンの日々』ワールドフォトプレス　二〇一二

「三内丸山村の消えた日」

西岡秀雄『寒暖700年周期説』PHP研究所　二〇〇八
ブライアン・フェイガン／東郷えりか訳『古代文明と気候大変動』河出書房新社　二〇〇八
朝倉　正『異常気象と環境破壊』読売新聞社　一九九〇
日本史用語研究会編『必携日本史用語』実教出版　二〇〇九
佐原　真『大系日本の歴史1　日本人の誕生』小学館　一九九二
岡田晴恵『人類VS感染症』岩波書店　二〇〇四
アラン・ワイズマン／鬼澤忍訳『人類が消えた世界』早川書房　二〇〇八
梅原　猛／安田喜憲編著『縄文文明の発見』PHP研究所　一九九五
岡田康博／小山修三編『縄文鼎談　三内丸山の世界』山川出版社　一九九六

岡村道雄『縄文の生活誌』講談社　二〇〇〇
松島義章『貝が語る縄文海進』有隣堂　二〇一二
柳澤桂子『われわれはなぜ死ぬのか』草思社　一九九七
栗本慎一郎『パンツを捨てるサル』光文社　一九八八
栗本慎一郎『人類新世紀終局の選択』青春出版社　一九九一
佐藤勝彦『宇宙はわれわれの宇宙だけではなかった』ＰＨＰ研究所　二〇〇一
松井孝典編著『宇宙で地球はたった一つの存在か』ウェッジ　二〇〇五
鏡　玄泉『人はウイルスで進化している』知道出版　二〇〇四
深野一幸『来たるべき宇宙文明の真相』徳間書店　一九九六
江本　勝『水は答えを知っている』サンマーク出版　二〇一一
白田　昭『微生物に学ぶ』工業調査会　二〇〇一
安田喜憲『森を守る文明・支配する文明』ＰＨＰ研究所　一九九七
池田清彦『３８億年生物進化の旅』新潮社　二〇一二
武田邦彦／池田清彦／渡辺　正／薬師院仁志／山形浩生／伊藤公紀／岩瀬正則『暴走する「地球温暖化」論』文藝春秋　二〇〇七
野ばら社編集部編『日本のうた１０１』野ばら社　二〇〇七
森　浩一監修『森浩一が語る日本の古代』ユーキャンＤＶＤ

「縄文信仰序曲」

工藤雅樹『古代蝦夷の英雄時代』平凡社　二〇〇五
太田　龍『古代シュメールは日本に封印された』日本文芸社　一九九五
月海黄樹／石沢貞夫『日本神道に封印された古代ユダヤの暗号』日本文芸社　二〇〇〇
小山　寿『電磁波の正体と恐怖』河出書房新社　一九九六
江本　勝『結晶物語』サンマーク出版　二〇〇三
荒木伸介『平泉　奥州藤原氏黄金の夢』プレジデント社　一九九三
久保田展弘『荒野の宗教・緑の宗教』ＰＨＰ研究所　二〇〇四
久保田展弘『日本多神教の風土』ＰＨＰ研究所　二〇〇二
菅田正昭『言霊の宇宙へ』橘出版　一九九四
佐野雄二『聖書は日本神話の続きだった！』ハギジン出版　二〇〇八
茂木健一郎『すべては音楽から生まれる』ＰＨＰ研究所　二〇〇七
久慈　力『蝦夷・アテルイの戦い』批評社　二〇〇二
坂口光男『純神道入門』東明社　一九九八
関　裕二『かごめ歌の暗号』東京書籍　二〇〇七
中矢伸一『日月神示・ミロクの世の到来』徳間書店　二〇〇七
吉田敦彦『縄文宗教の謎』大和書房　一九九三
坂口光男『神々の復活　超革命』東明社　一九九八

太田　龍『縄文日本文明一万五千年史序論』成甲書房　二〇〇三
高坂和導『竹内文書・世界を一つにする地球最古の聖典』徳間書店　二〇〇八
佐治芳彦『謎の竹内文書』徳間書店　一九九六
江本　勝『波動の真理　人間・地球・自然の未来のために』ＰＨＰ研究所　一九九四
土取利行『縄文の音』青土社　二〇〇七
ひろさちや『やまと教』新潮社　二〇〇八
栗本慎一郎『パンツをはいたサル』光文社　一九八一
河内　紀／小島美子『日本童謡集』音楽之友社　一九八〇
藤巻一保『阿倍晴明　謎の大陰陽師とその占術』学習研究社　一九九七
小山修三『縄文学への道』日本放送出版協会　一九九六

「縄文人の源流と琉球・アイヌ考」

藤村久和『アイヌ、神々と生きる人びと』小学館　一九九五
山岸良二『科学はこうして古代を解き明かす』河出書房新社　一九九六
竹内久美子『パラサイト日本人論』文藝春秋　一九九五
佐々木高明『日本史誕生　集英社版日本の歴史1』集英社　一九九一
鈴木　健『縄文語の発掘』新読書社　二〇〇〇
近藤義郎『楯築弥生墳丘墓』吉備人出版　二〇〇二

松木武彦『進化考古学の大冒険』新潮社　二〇〇九
池田清彦『環境問題のウソ』筑摩書房　二〇〇六
安田喜憲『生命文明の世紀へ』第三文明社　二〇〇八
佐々木高明『日本文化の多様性』小学館　二〇〇九
関　裕二『縄文人国家＝出雲王朝の謎』徳間書店　一九九三
童門冬二『琉球王朝記』三笠書房　一九九二
埴原和郎『日本人の起源』朝日新聞社　一九九四
日本第四紀学会編『百年・千年・万年後の日本の自然と人類』古今書院　一九八七
中野秀章／有光一登／森川　靖『森と水のサイエンス』東京書籍　一九八九
吉田東伍編『大日本地名辞書第8巻北海道・樺太・琉球・台湾』冨山房　一九九二
百瀬直也『湖のほとりのコタン（北海道・白老）』筆者HP
石川　仁『太平洋横断プロジェクトについて』筆者HP
西東社編集部『図解・日本史』西東社　二〇〇九

「縄文人に学ぶ持続可能な社会」

松本健一『砂の文明・石の文明・泥の文明』PHP研究所　二〇〇三
吉原　紳『ゴルフ　一番危険なスポーツ』飛鳥新社　一九九七
天野隆介『ゴルフ場大倒産時代がやってきた』あっぷる出版社　一九九七

大森博雄『地球を丸ごと考える5　水は地球の命づな』岩波書店　一九九三
樋口清之『水と日本人　日本人はなぜ水に流したがるのか』ガイア　一九九〇
吉津耕一『失敗しない田舎暮らしの実行計画』大月書店　一九九三
本間　慎『おいしい水、豊かな土』フェリス女学院大学　二〇〇二
常石敬一『化学物質は警告する』洋泉社　二〇〇〇
関　裕二『日本人はなぜ震災にへこたれないのか』PHP研究所　二〇一一
島津康男『環境アセスメント』日本放送出版協会　一九八七
水野倫之／山崎淑行／藤原淳登『緊急解説！　福島第一原発事故と放射能』日本放送出版協会
　二〇一一
隈　研吾／清野由美『新・ムラ論TOKYO』集英社　二〇一一
丸山茂徳『科学者の9割は「地球温暖化」CO2犯人説はウソだと知っている』宝島社　二〇〇八
池内　紀『人と森の物語』集英社　二〇一一
白井裕子『森林の崩壊』新潮社　二〇〇九
飯島伸子『環境社会学のすすめ』丸善　二〇〇三
常石敬一『原発とプルトニウム』PHP研究所　二〇一〇
鎌田　慧『原発列島を行く』集英社　二〇〇一
高田　純『世界の放射線被曝地調査』講談社　二〇〇二
上田　篤／田中充子『蹴裂伝説と国づくり』鹿島出版会　二〇一一
五十嵐敬喜／小川明雄『「都市再生」を問う』岩波書店　二〇〇三

槌屋治紀『調べてみようエネルギーのいま・未来』岩波書店　二〇〇三
角川書店編『古事記』角川書店　二〇〇二
高木仁三郎『原子力神話からの解放』講談社　二〇一一
梅原　猛／上田正昭『「日本」という国』大和書房　二〇〇一
鬼頭　宏『２１００年、人口３分の１の日本』メディアファクトリー　二〇一一
小出裕章『原発のウソ』扶桑社　二〇一一
飯田哲也／佐藤栄佐久／河野太郎『「原子力ムラ」を超えて』ＮＨＫ出版　二〇一一
広瀬　隆『ＦＵＫＵＳＨＩＭＡ　福島原発メルトダウン』朝日新聞出版　二〇一一
広瀬　隆『二酸化炭素温暖化説の崩壊』集英社　二〇一〇
広河隆一『暴走する原発』小学館　二〇一一
瀬戸昌之『環境学講義　環境対策の光と影』岩波書店　二〇〇二
鷲谷いづみ『自然再生　持続可能な生態系のために』中央公論新社　二〇〇四
梅原　猛／吉村作治『「太陽の哲学」を求めて』ＰＨＰ研究所　二〇〇八
内田　樹／中沢新一／平川克美『大津波と原発』朝日新聞出版　二〇一一
柴田明夫『エネルギー争奪戦争』ＰＨＰ研究所　二〇〇七
武田邦彦『偽善エネルギー』幻冬舎　二〇〇九
橋本淳司『日本の「水」がなくなる日』主婦の友社　二〇一一
宮台真司／飯田哲也『原発社会からの離脱』講談社　二〇一一
神奈川県立生命の星・地球博物館編『岩石・鉱物・地層』有隣堂　二〇一六

松原隆一郎『失われた景観　戦後日本が築いたもの』ＰＨＰ研究所　二〇〇二
上田　篤『日本の都市は海からつくられた』中央公論新社　一九九六

「下末吉台地と『上台縄文遺跡・貝塚群』」

安蒜政雄『考古学キーワード』有斐閣　一九九七
小宮精一『まぼろしの末吉大池（おおいけ）』（正・続）私家版
「サイエンス温暖化の地球史③」日本経済新聞二〇〇七年七月九日付朝刊
貝塚爽平／小池一之／遠藤邦彦／山崎晴雄／鈴木毅彦編『日本の地形・４関東・伊豆・小笠原』東京大学出版会　二〇〇〇
『地勢図・神奈川県』ザ・ダイソーマップシリーズ
鶴見の歴史と人々のくらし刊行委員会編『鶴見の歴史と人々のくらし』鶴見の歴史と人々のくらし刊行委員会　一九八八
『神奈川県史資料編20』神奈川県　一九七九
鶴見歴史の会編『鶴見の史跡と伝説』鶴見歴史の会　一九八一
横浜市教育委員会編『横浜市文化財地図』横浜市刊
「下末吉海進ってなんのこと?」（ワークテキスト⑥、＋２℃の世界）神奈川県生命の星・地球博物館
『地質学雑誌』（３７―４４１）日本地質学会

鶴見区史編集委員会編『鶴見区史』区史刊行委員会　一九八二
「街にねむる貝塚と古墳」（リーフレット）横浜市ふるさと歴史財団・埋蔵文化財センター
「三ツ池公園のあゆみ」（チラシ）管理事務所
「県立三ツ池公園・パンフレット」神奈川県・（財）公園協会
トラベルメイツ社編『神奈川県風土記』かなと出版　一九七九
『縄文土器全国編年表』（中部日本版）横浜縄文土器づくりの会編
横浜市立末吉中学校歌「丘の響き」
安田喜憲『一万年前』イースト・プレス　二〇一四

○出土遺構・遺物、資料保管蔵○

国立博物館
神奈川県立博物館
横浜市歴史博物館
神奈川県教育委員会
神奈川県埋蔵文化財センター
横浜市教育委員会
横浜市埋蔵文化財センター
横浜市立末吉中学校

私立武相学園
明治大学
順不同

◇協力◇

鶴見歴史の会　三代会長　四元宏
県立・三ツ池公園を活用する会　前会長　横山賢太郎
まぼろしの末吉大池・編著者　小宮精一
不動産業　池田耕一

（順不同・敬称略）

タウンニュース

人物風土記

縄文時代の語り部

●縄文人になろう会を主宰する

金子 好伸さん

区内在住　63歳

題字は
林文子 横浜市長

〇…「鶴見の縄文時代のことを再考して、みんなで土器を作りたい」。三ツ池公園の意見交換会で発した何気ないひと言。出席していたメンバーから『一人でもできるからやってみれば』という後押しもあり、公園の付帯活動として会を設立した。「そもそも園内にあった周辺遺跡の説明文が間違っていたのを注意したのが始まり。そしたら意見交換会に出ろと言われて」と笑う。7月末、4回目となった粘土づくりから始めるという土器制作が人気の縄文ワークショップを開く。

〇…教授でも学者でもない。「もともと先住民に興味はあった」。人生や存在意義に煩悶していた10代。癒されたジャズを学ぶ途中、アメリカ南部の黒人奴隷、インディアンのことなどを探求した。「日本でも20年ほど前に青森の三内丸山遺跡が出るまで、縄文人は猿みたいな扱いがあった」。本格的に鶴見の縄文時代を調べ始めたのは、5年前。川崎にある縄文天然温泉に入ったとき、「観念でなく強いものが触発された。縄文の素晴らしさを伝えなければと感じた」。文献をひも解き、地元の人たちに話を聞いた。

〇…生まれも育ちも鶴見区。『縄文の金子さんで有名』と周囲から言われるほど。家族の話になると、それまでが嘘のように途端に口数が減るが、「妻からはバンバンやりなさいと言われるからやりやすい」と、照れ臭そうに語る。息抜きは喫茶店での読書。「ジャズ喫茶からの習慣かも」。そう言って微笑む。

〇…「縄文時代は、人間と自然の共生が特徴」。インディアンと同じく、生かされているという考え方だという。「地形に寄り添って生きる。自然を改変することはできないんですよ」。今では国際縄文学協会会員として論文を発表するまでになった。戦争もなく一万年以上続いた時代。豊かな文明を築いていたことがわかっている。「三内丸山に匹敵する集落が鶴見にあったんだよ」。縄文の語り部が伝えゆく。

「タウンニュース」神奈川・町田 221万部発行　2012.7.19号

金子 好伸（かねこ よしのぶ）

1948年、神奈川県出身。

現代デザイン研究所（河原淳ゼミ）6年修了。

フリーライター。縄文学伝導師。国際縄文学協会会員。神奈川県考古学会役員歴任。

神奈川県立三ツ池公園附帯活動「縄文人になろう会」2007年設立。2019年、ワークショップ10周年を期に勇退。

横浜市鶴見区地域振興課、生涯学級「縄文人に学ぼう会」2年連続開催、運営委員長、講師。

アジア太平洋資料センター・自由学校講師。

粘土づくりからはじめる縄文土器づくりをモットーに体験学習主催。

イオンカルチャークラブ・大和店（神奈川県）講座「縄文人に学ぶ持続可能な社会」2018年より、毎月第1土曜日開講中。


「千の風になって」

日本音楽著作権協会（出）許諾第2006769−001号

【新装・増補 改訂版】ジャズる縄文人

2020年9月10日 第1刷発行

著　者　金子好伸
発行者　宮下玄覇
発行所　MPミヤオビパブリッシング
〒160-0008
東京都新宿区四谷三栄町8-7
電話(03)3355-5555
発売元　株式会社宮帯出版社
〒602-8157
京都市上京区小山町908-27
電話(075)366-6600
http://www.miyaobi.com/publishing/
振替口座 00960-7-279886
印刷所　モリモト印刷株式会社

ISBN978-4-8016-0241-0 C0021